Impressum

Text: Annette Maas
Illustration: Horst Hellmeier
Satz, Bildbearbeitung: Harald Meyer

ISBN 978-3-8458-4464-0

MIX
Papier aus verantwortungsvollen Quellen
FSC® C002795

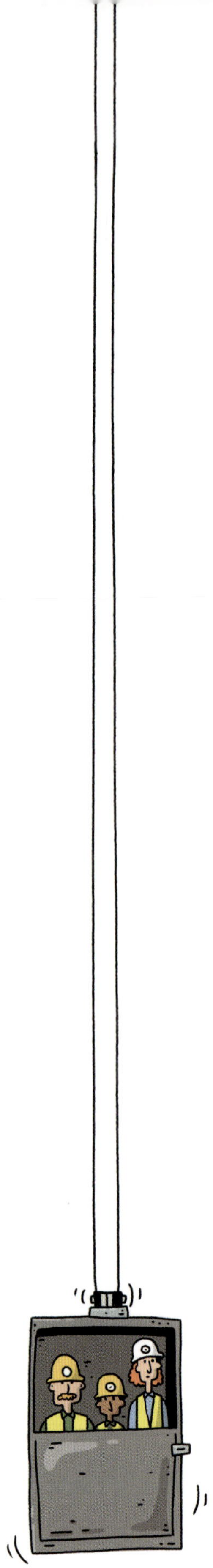

IM UNTERGRUND

Inhaltsverzeichnis

arsEdition

Vor 4000 Jahren haben Menschen schon große Städte unter der Erde gebaut. Viele davon gibt es in Zentralanatolien, also in einem Gebiet, das mitten in der Türkei liegt. 20 000 und mehr Menschen lebten unter der Erde: gut geschützt vor Hitze und Kälte und vor Feinden. Eine dieser Städte ist Derinkuyu.

DIE STADT DERINKUYU

Angreifer müssen erst einmal suchen, bis sie einen Einschlupf finden. Deshalb entdeckten Archäologen diese Städte auch erst in den 1960er-Jahren.

Man vermutet, dass arabische Gefangene die Räume unter der Erde aushöhlen mussten. Das Gestein ist weich, dennoch war die Arbeit schwer: Es gab kaum Licht, wenig frische Luft und der gesamte Schutt musste per Hand entfernt werden.

Mit großen, schweren Rollstein-Toren konnten die Bewohner ihre Stadt nach außen hin vollkommen abschließen. Von außen lassen sich diese Tore nicht öffnen, kein Fremder kann in die Stadt eindringen. Für den Fall, dass es doch einmal Angreifern gelingt, in ein Stockwerk der Stadt vorzudringen, war vorgesorgt. Alle Stockwerke konnten voneinander abgetrennt werden.

Die einzigen Lichtquellen waren Öllampen. Hell brennen diese Lampen nicht. Die Bewohner der Stadt brauchten einen guten Orientierungssinn, um sich in den vielen Gängen zurechtzufinden.

In dem Gangsystem, das Wohnungen und öffentliche Plätze verbindet, gab es tote Gänge. Sie waren zur Verwirrung der Angreifer gebaut worden. Zum Teil waren darin auch Fallen versteckt. Die Menschen stürzten hinein und kamen aus eigener Kraft nicht mehr heraus.

Über kilometerlange Gänge waren die unterirdischen Städte miteinander verbunden. Die Bewohner liefen von einer Stadt in die nächste und wurden dabei nicht beobachtet. Manche Gänge waren so breit und hoch, dass drei Erwachsene aufrecht nebeneinandergingen.

Frisches Trinkwasser für Menschen und Tiere kam aus einer unterirdischen Quelle.

Die meisten Menschen hatten ihre Wohnräume im ersten Kellergeschoss. Toiletten und Waschräume teilten sich immer mehrere Familien.

Die Ställe der Tiere waren ebenfalls im ersten Stock untergebracht.

In der Stadt gab es eine Ölmühle. Die Oliven wurden unter einem schweren Mühlstein zermahlen und das Olivenöl in Tongefäßen aufbewahrt.

Neben der Ölmühle gab es eine Kellerei und einen Weinkeller.

Ein ausgeklügeltes Belüftungssystem aus Schächten, die beinahe 87 Meter lang sind, hat Luft bis in das tiefste Stockwerk, das war das 18. Stockwerk, gebracht.

Verkauft wurden Öl und Wein auf einem Marktplatz. An den Marktplatz grenzen Nischen an. Darin befanden sich Geschäfte.

Eine Kirche in Form eines Kreuzes wurde tief unten im 18. Stockwerk angelegt.

Direkt gegenüber der Kirche war der Platz, an dem die Gefangenen angekettet wurden. Drei Säulen stützen den Raum. Um jede Säule lagen Ketten.

Im siebten Stockwerk haben sich die Menschen in einer großen Halle versammelt, wohl immer dann, wenn es Wichtiges zu besprechen gab.

Das zweite HELSINKI

Helsinki ist die Hauptstadt von Finnland. Weil jeder Finne im Falle eines Angriffs auf das Land ein Recht auf einen Platz in einem Schutzraum hat, gibt es viele Bunker unter der Stadt. Diese Bunker werden ganz unterschiedlich genutzt.

Itäkeskus, so heißen ein Stadtteil und das Schwimmbad dort. Es wurde in eine Bunkeranlage gebaut. Dort gibt es Rutschen, Wasserpilze, Sprungtürme und im großen Becken 50-Meter-Bahnen. Schwimmt man auf dem Rücken, dann sieht man um sich herum nichts als helles Gestein.

Ein riesiger Busbahnhof wurde ebenfalls unterirdisch angelegt und gleich angrenzend ein Einkaufszentrum. Es ist übrigens das größte in ganz Nordeuropa. Dort kann man sich die Wartezeit auf den Bus gut vertreiben.

In Finnland wird viel Eishockey gespielt. Die finnische Nationalmannschaft spielt bei internationalen Turnieren immer weit vorne mit. Natürlich trainiert die Erstliga-Mannschaft aus Helsinki in einer unterirdischen Eishalle.

Helsinkis Stadtplaner, die darüber bestimmen, wie sich die Stadt baulich weiterentwickelt, wollen weitere unterirdische Gebäude, Heizkraftwerke, aber auch Straßen und Parkhäuser bauen. Warum? Helsinki wächst sehr schnell. Damit es oberirdisch genügend Wohnungen und wenig Verkehr gibt, wird möglichst viel von dem, was zur Versorgung der Menschen gebraucht wird, in den Untergrund verlegt.

Voraussetzung für die unterirdischen Bauten sind die Felsen, auf denen Helsinki errichtet wurde. Werden unterirdische Hallen, Straßen und Versorgungseinrichtungen in Felsen hineingesprengt, dann sind sie extrem haltbar. Auch fallen weniger Unterhaltskosten für den Erhalt von Außenmauern oder Fenstern an. Einen Felsen muss man nicht neu streichen oder neu verputzen.

Unterirdisch fahren pro Tag ungefähr 3000 Laster Waren durch die Stadt.

Praktisch ist das unterirdische Gangsystem auch aus ganz anderen Gründen: Als das Haibecken in Helsinkis Vergnügungspark renoviert werden musste, wurde einfach einer der unterirdischen Gänge geflutet und die Haie durften dorthin umziehen.

Wohin mit dem Müll? Auch unter die Erde! Im Hafenviertel Helsinkis gibt es eine Art Sauganlage für Müll. Sie saugt mit Unterdruck den in Tüten vorsortierten Müll an. Der saust dann mit bis zu 70 km/h zu unterirdischen Sammelstationen. Das System heißt »Rööri«. Oberirdische Müllautos gibt es nicht mehr.

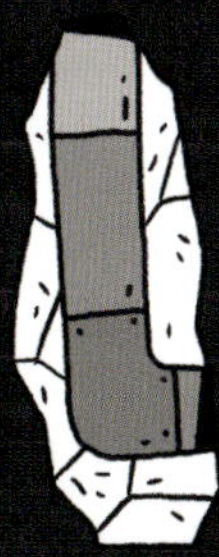

DINOSAURIER!

NICHT NUR KNOCHEN SIND ÜBRIG GEBLIEBEN ...

Dinosaurierknochen findet man überall auf der Welt, sogar in der Antarktis. Heute helfen Satellitenbilder und geologische Karten dabei, vielversprechende Grabungsstätten auszumachen.

Ganz logisch, dass versteinerte Dinosaurier in Gesteinsschichten liegen, die genauso alt sind wie sie. Diese Schichten sind sehr tief unter der Erdoberfläche. Dort, wo man heute viele Knochen findet, haben sich die Erdplatten so verschoben, dass die Fossilien an die Oberfläche gewandert sind.

Dinosaurierkot liegt ebenfalls unter der Erde. Meistens ist er kugelförmig. Durch die Untersuchung dieser Klumpen haben Wissenschaftler erfahren, dass es bereits vor 65 Millionen Jahren Gräser gab.

Forscher fragen sich schon lange, was mit den riesigen Kothaufen der Dinosaurier passiert ist. Lagen sie stinkend herum? Käfer oder Fliegen, die sie zersetzt hätten, gab es vor 66 Millionen Jahren noch nicht. Eine in Bernstein eingeschlossene Schabe hat das Rätsel gelöst: In ihr hat man Dinosaurierkot ausgemacht. Die Schaben haben ihn gefressen und weiterverdaut.

Versteinerte, einstmals flauschige Federn sind ein Hinweis darauf, dass sich die Saurier in kälteren, arktisähnlichen Regionen damit warm gehalten haben, wie unter einer Daunendecke. Wahrscheinlich waren die Federn dunkel gefärbt. Die dunkle Farbe nimmt mehr Wärme auf.

An zehn Unterarmknochen von dem kleinen Raubsaurier *Dineobellator notohesperus* wurden Ansätze von Federn gefunden, damit weiß man: Er trug ein Federkleid, auch wenn man nie eine seiner Federn entdeckt hat.

2019 wurde in Frankreich der Oberschenkelknochen eines Sauropoden gefunden. Er war in einem ausnehmend guten Zustand und wog 400 Kilogramm bei zwei Metern Länge! Dieses Stück ist einzigartig!

Dinosauriereier oder ganze Dinosauriernester, auch sie liegen versteinert in der Erde. Leider werden die Eier, bevor sie versteinern, meist zerdrückt. Hatten die Eier eine weiche Schale, so wie die Eier von Reptilien, oder war sie hart, wie die von Vogeleiern? Bei zwei Arten hat man mittlerweile herausgefunden, dass sie weiche Eier legten. Für alle anderen gehen die Forscher von einer harten Schale aus.

In China wurde ein komplettes Gelege eines straußenähnlichen Sauriers *(Heyuannia huangi)* entdeckt. Die Eier waren blaugrün gefärbt. Die Farbstoffe ließen sich in der Versteinerung noch nachweisen. Schlau gemacht von der Natur, denn so sind die Eier, wenn sie auf dem Boden zwischen Gräsern liegen, kaum zu entdecken. Weiße Eier sieht ein Räuber viel schneller.

DIE KNOCHENKRIEGE

Die Morrison-Formation ist ein Ort, an dem sich die Erdplatten so verschoben haben, dass viele Saurierknochen in den oberen Erdschichten liegen. Sie zieht sich über die Rocky Mountains. Hunderte sehr gut erhaltene Skelette haben Wissenschaftler an diesem Platz ausgegraben.

Dort sind auch die Knochenkriege entbrannt, die sogenannten Bone Wars. Natürlich ging es um Dinosaurierknochen. Zwei Männer bekämpften sich im 19. Jahrhundert, Othniel Charles Marsh und Edward Drinker Cope.

Den Männern ging es darum, den jeweils anderen im Entdecken neuer Arten zu überbieten. Berühmte Funde der Knochenkriege sind *Allosaurus, Stegosaurus, Apatosaurus* und *Brontosaurus*.

Marsh und Cope waren so zerstritten, dass sie ihre Grabungshelfer, nachdem ein Bereich abgesucht war, anwiesen, die restlichen Fossilien zu zerstören, zum Teil durch Sprengungen. Damit sollte verhindert werden, dass der andere noch irgendetwas findet. Bis heute ist das ein großer Schaden für die Wissenschaft.

Buffalo Bill wurde angeheuert, um die Männer, die beim Graben halfen, mit Bisonfleisch zu versorgen.

Auslöser für die Knochenkriege war ein Fehler, den Cope bei der Wiederherstellung des Skeletts von *Elasmosaurus platyurus* machte: Als das Skelett vollständig zusammengebaut war, verwechselte er Hals und Schwanz und setzte den Schädel auf den Schwanz des Sauriers. Als Marsh den Fehler entdeckte, lachte er lange darüber. Das hat Cope so sehr gekränkt, dass er ab diesem Zeitpunkt seinem ehemaligen Freund den Krieg erklärte.

Dinosaurier auszugraben, ist mühsam, weil sie häufig in kargen, wüstenähnlichen Gebieten liegen. Die Temperaturen sind heiß, und es dauert oft mehrere Jahre, bis man einen der Riesen ganz freigelegt hat. Natürlich hatte jeder der beiden Männer immer Angst, der andere könnte schneller sein.

DER VERSUNKENE PALAST
WASSER FÜR DEN KAISER

Tief unter der Altstadt von Istanbul befindet sich ein antikes Wasserbecken, das Kaiser Justinian, der von ca. 482 bis 565 lebte, dort erbauen ließ. 80 000 Kubikmeter Wasser fasst es. Das klare Trinkwasser kam zu dieser Zeit über Aquädukte aus dem nahe gelegenen Belgrader Wald. Und auch aus unterirdischen Quellen wurde der geheimnisvolle Ort gespeist. Er sollte den kaiserlichen Palast mit Wasser versorgen.

Zisternen waren damals wichtig, denn man wusste nie, ob die Stadt demnächst von einem kriegerischen Volk belagert werden würde. Meist zerstörten die Belagerer alle Aquädukte. In Zisternen wurden die Wasservorräte der Stadt aufbewahrt. Sie sicherten das Trinkwasser für Kaiser und Volk.

Der magische Raum ist 140 Meter lang und 65 Meter breit. Sein Gewölbe wird von 12 Reihen à 28 Säulen getragen. Das macht also zusammen 336 Säulen. Sie wurden nicht etwa extra für dieses Wasserbehältnis angefertigt, sondern im Mittelmeerraum in Kirchen, Tempeln und wo es sonst noch Säulen gibt, abgebaut und mitgenommen. Das war damals ein übliches Verfahren.

Unter zwei der Säulen, die ein bisschen zu kurz waren für das riesige Gewölbe, liegen Medusenköpfe. Eine Medusa liegt auf der Seite, wie schlafend, die zweite steht sozusagen auf dem Kopf. Medusa war in der griechischen Mythologie eine Göttin, die allein durch ihren Blick andere versteinern konnte. Häufig wird sie mit Schlangen als Haaren dargestellt.

Als die Zisterne fertig war und das Wasser bereits einlief, meinte ihr Erbauer: Niemand würde mehr diesen Ort sehen, außer vielleicht ein Karpfen, der aus Versehen über eines der Aquädukte hineingespült wird. Er hatte nicht ganz recht.

Irgendwann verließen die byzantinischen Kaiser ihren Palast, damit geriet auch die Zisterne für beinahe 1000 Jahre in Vergessenheit.

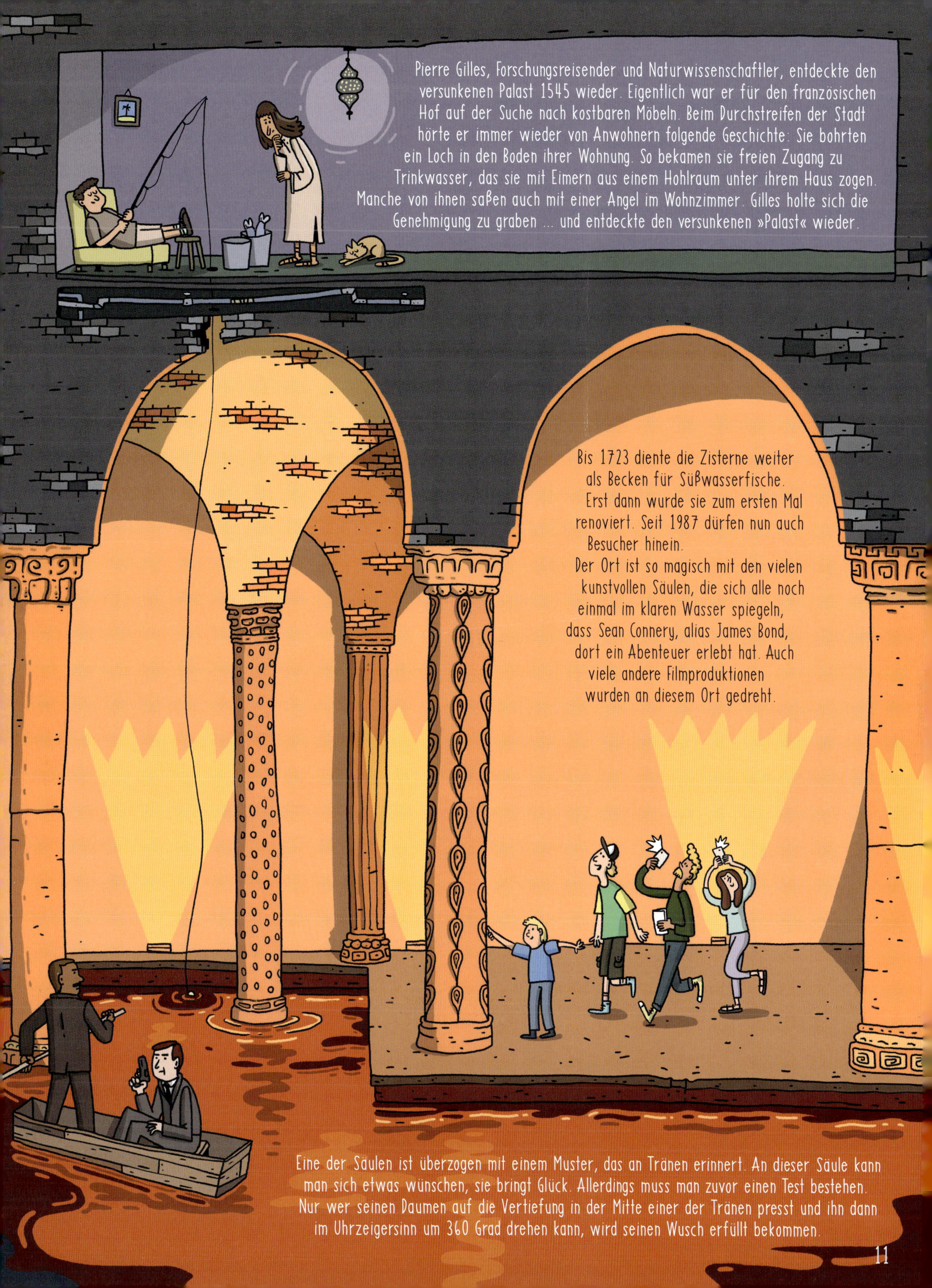

Pierre Gilles, Forschungsreisender und Naturwissenschaftler, entdeckte den versunkenen Palast 1545 wieder. Eigentlich war er für den französischen Hof auf der Suche nach kostbaren Möbeln. Beim Durchstreifen der Stadt hörte er immer wieder von Anwohnern folgende Geschichte: Sie bohrten ein Loch in den Boden ihrer Wohnung. So bekamen sie freien Zugang zu Trinkwasser, das sie mit Eimern aus einem Hohlraum unter ihrem Haus zogen. Manche von ihnen saßen auch mit einer Angel im Wohnzimmer. Gilles holte sich die Genehmigung zu graben … und entdeckte den versunkenen »Palast« wieder.

Bis 1723 diente die Zisterne weiter als Becken für Süßwasserfische. Erst dann wurde sie zum ersten Mal renoviert. Seit 1987 dürfen nun auch Besucher hinein.
Der Ort ist so magisch mit den vielen kunstvollen Säulen, die sich alle noch einmal im klaren Wasser spiegeln, dass Sean Connery, alias James Bond, dort ein Abenteuer erlebt hat. Auch viele andere Filmproduktionen wurden an diesem Ort gedreht.

Eine der Säulen ist überzogen mit einem Muster, das an Tränen erinnert. An dieser Säule kann man sich etwas wünschen, sie bringt Glück. Allerdings muss man zuvor einen Test bestehen. Nur wer seinen Daumen auf die Vertiefung in der Mitte einer der Tränen presst und ihn dann im Uhrzeigersinn um 360 Grad drehen kann, wird seinen Wusch erfüllt bekommen.

DAS REGENRÜCKHALTEBECKEN

Aufgrund des Klimawandels werden Regenrückhaltebecken immer wichtiger. Denn es kommt immer häufiger zu Starkregenereignissen. Das bedeutet, in sehr kurzer Zeit regnet es Unmengen von Wasser herab. Dieses Wasser muss irgendwo aufgefangen werden. In Städten sind viele Flächen asphaltiert. Sie können kein Wasser aufnehmen. Also werden im Untergrund riesige Regenrückhaltebecken gebaut, in die das Wasser hineinlaufen kann. Das schützt Keller und Unterführungen davor, überschwemmt zu werden, es schützt aber auch das Grundwasser und oberirdische Gewässer vor Verschmutzung.

Europas größtes Rückhaltebecken befindet sich unter dem Hirschgarten in München. Der Hirschgarten ist eine große Parkanlage, in der es ein Gehege mit Dam- und Muffelwild, einen Biergarten, einen Skatepark und Spielplätze gibt. Kaum jemand, der dort oben sitzt, ahnt, dass unter ihm ein zweistöckiges riesiges Becken liegt.

Genannt wird dieses Becken »der Hüne«. Eigentlich ist ein Hüne ein sehr großer und kräftiger Mann, mit breiten Schultern. 90 000 Kubikmeter Wasser passen in das Becken hinein. Regnet es heftig, dann befüllt es sich in 1 ½ Stunden. Für das Auspumpen braucht man 24 Stunden.

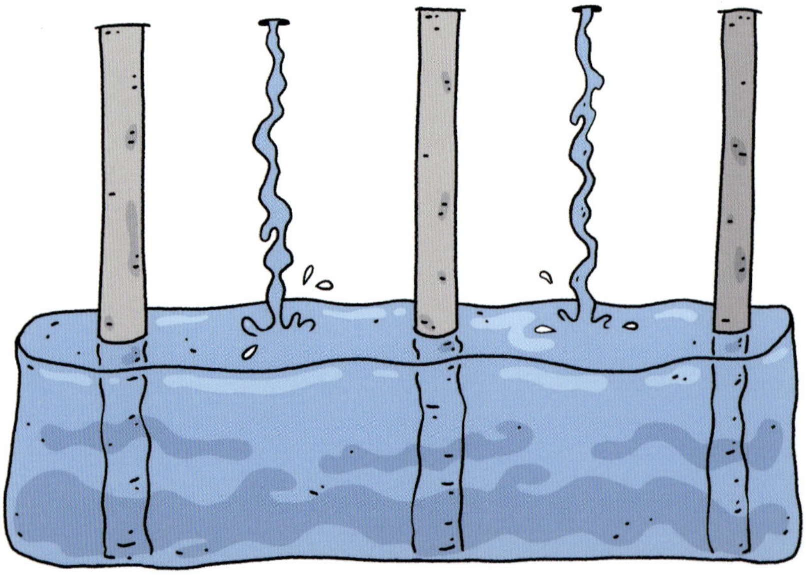

»Der Hüne« setzt sich aus vier Becken zusammen. Ist Becken eins voll, dann schwappt das Wasser über eine Art Schwelle in Becken zwei.

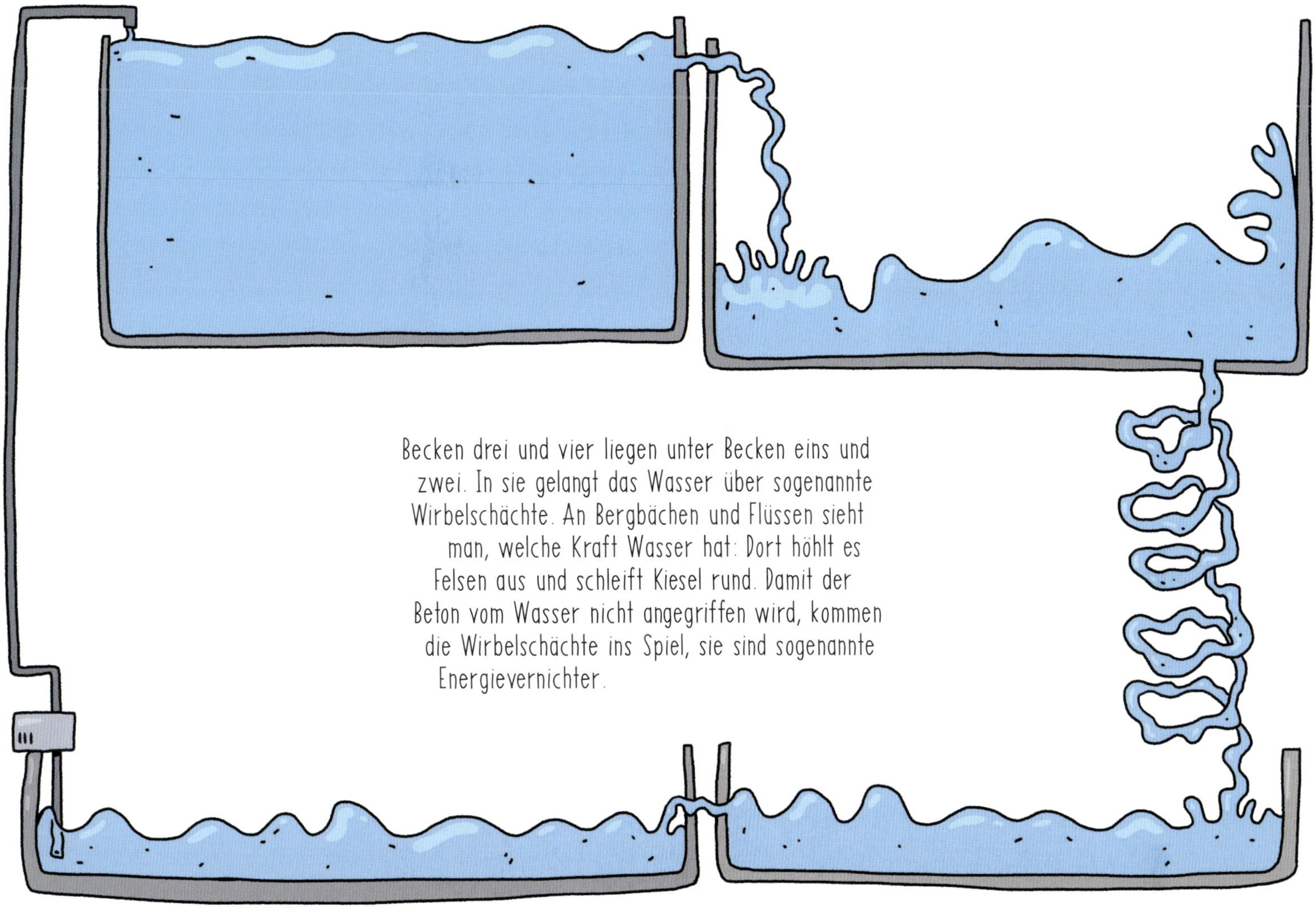

Becken drei und vier liegen unter Becken eins und zwei. In sie gelangt das Wasser über sogenannte Wirbelschächte. An Bergbächen und Flüssen sieht man, welche Kraft Wasser hat: Dort höhlt es Felsen aus und schleift Kiesel rund. Damit der Beton vom Wasser nicht angegriffen wird, kommen die Wirbelschächte ins Spiel, sie sind sogenannte Energievernichter.

Nach dem Regen pumpen sieben Pumpen das Wasser wieder zurück in die oberen Becken. Von dort kann das Wasser dank eines Gefälles von ganz allein abfließen.

Hin und wieder verirrt sich ein Frosch in das Becken, obwohl es 16 Meter tief unter der Erde liegt. Er braucht dann die Hilfe eines Mitarbeiters, um wieder ans Tageslicht zu kommen.

Schießen 90 000 Kubikmeter Wasser in das Becken hinein, dann ist das ein enormes Gewicht. Deshalb »schwimmt« das Becken auf dem Grundwasser, so wie ein großes Containerschiff auf dem Meer.

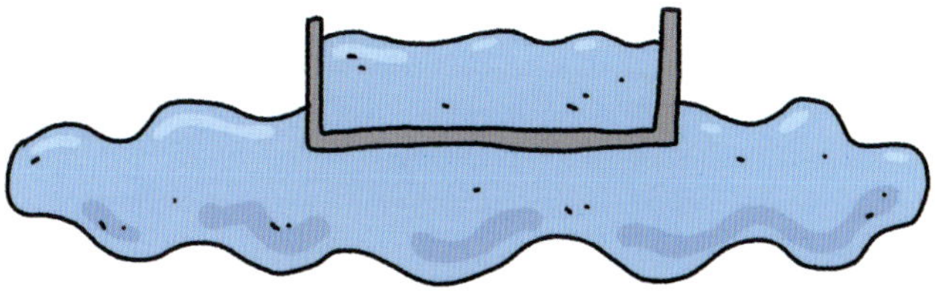

UNTER DEM ÄRMELKANAL

Am 6. Mai 1994 war es so weit: Der französische Präsident François Mitterrand und die britische Königin Elisabeth II. eröffneten den Eurotunnel.

Bereits dreieinhalb Jahre vor der Eröffnung war der spannendste Moment bei diesem Bauvorhaben: Am 1. Dezember 1990 wurden die beiden Bauabschnitte zusammengeführt. Durch den ersten größeren Durchbruch reichten sich der Brite Graham Fagg und der Franzose Philippe Cozette die Hand und tauschten die Flaggen ihrer Länder aus.

Der Tunnel ist 50,45 Kilometer lang. Die beiden Bauabschnitte trafen so genau aufeinander, dass die Abweichung weniger als zwei Zentimeter betrug

Gebohrt wurde der Tunnel mit riesigen Maschinen. Sie haben auch das herausgebohrte Material abtransportiert, die Tunnelwände mit Beton abgestützt und Schienen verlegt. Alles in einem Arbeitsgang

Viele kleine und große Fische schwimmen im Ärmelkanal, und hin und wieder versucht ein Mensch, ihn zu durchschwimmen.

Unter Wasser befinden sich 37,50 Kilometer. Die Tunnelröhren liegen 40 Meter unter dem Meeresboden. Dort gibt es eine Schicht aus Ton und Kalkstein, den Kalkmergel, die sehr trocken ist und die Tunnelröhren beinahe wasserdicht umschließt.

Hinter den Bohrmaschinen fuhr ein Zug mit dem nötigen Baumaterial, mit einer Energieversorgungsstation, mit einem Erste-Hilfe-Raum und einem Aufenthaltsraum für die Arbeiter.

Im Schichtbetrieb, ohne Unterbrechungen, wurde der Tunnel vorangetrieben, 7 Tage jede Woche.

Der Zug, der durch den Tunnel fährt, heißt »Le Shuttle«. Er wurde ausschließlich für diese Strecke konstruiert. Es gibt keine Waggons für die Reisenden. Man bleibt einfach in seinem eigenen Auto sitzen, während man den Ärmelkanal durchquert.

Es ist verboten, leicht brennbare Materialien durch den Tunnel zu transportieren, also gibt es keine Güterwaggons mit Gas, Petroleum oder anderen Chemikalien.

In England und Frankreich finden viele Pferderennen statt: Deshalb reisen täglich 20 Rennpferde durch den Eurotunnel.

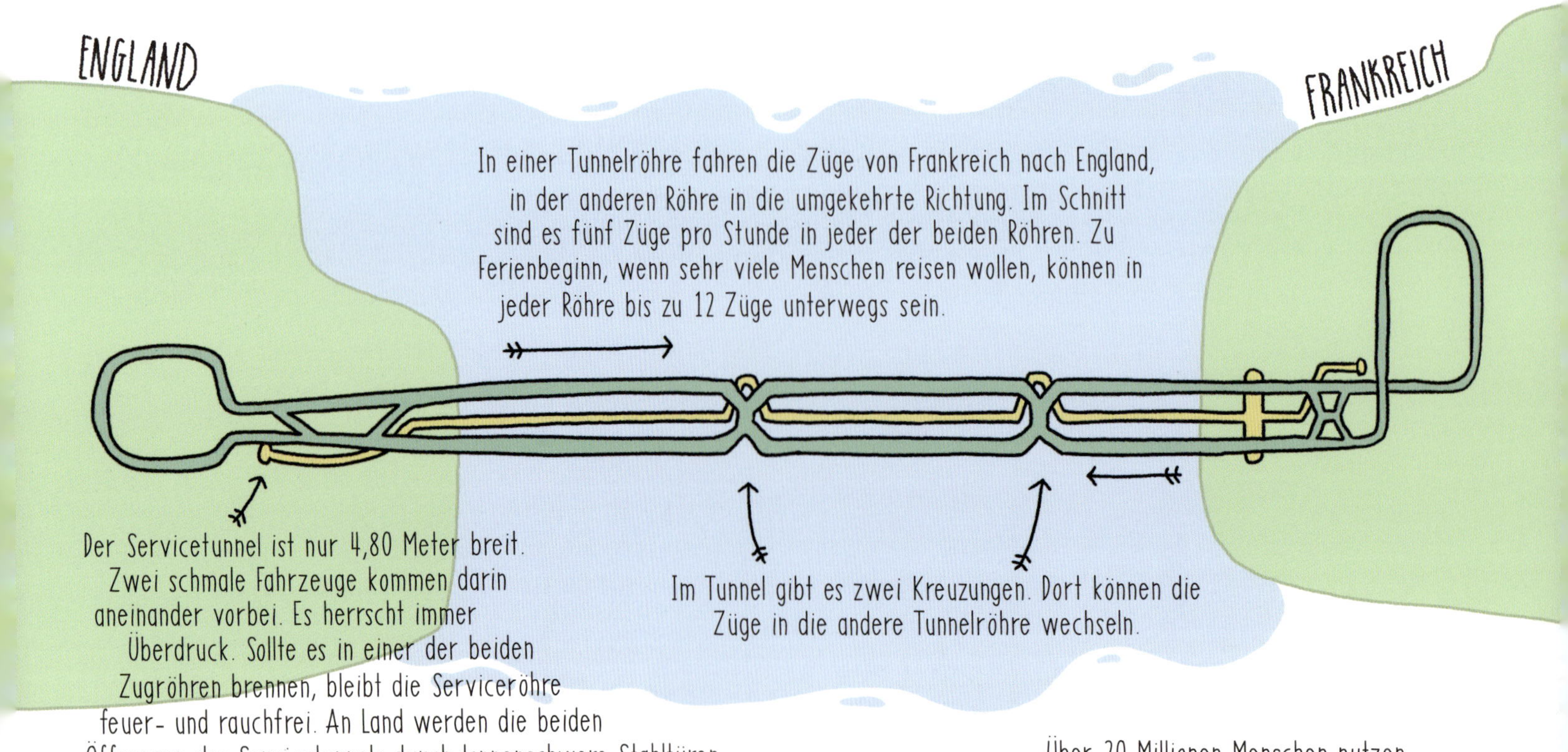

In einer Tunnelröhre fahren die Züge von Frankreich nach England, in der anderen Röhre in die umgekehrte Richtung. Im Schnitt sind es fünf Züge pro Stunde in jeder der beiden Röhren. Zu Ferienbeginn, wenn sehr viele Menschen reisen wollen, können in jeder Röhre bis zu 12 Züge unterwegs sein.

Der Servicetunnel ist nur 4,80 Meter breit. Zwei schmale Fahrzeuge kommen darin aneinander vorbei. Es herrscht immer Überdruck. Sollte es in einer der beiden Zugröhren brennen, bleibt die Serviceröhre feuer- und rauchfrei. An Land werden die beiden Öffnungen des Servicetunnels durch tonnenschwere Stahltüren geschützt, damit kein Unbefugter eindringen kann.

Im Tunnel gibt es zwei Kreuzungen. Dort können die Züge in die andere Tunnelröhre wechseln.

Über 20 Millionen Menschen nutzen pro Jahr »Le Shuttle«.

Jeder Zug hat zwei Lokomotiven. Fällt auf der Strecke eine davon aus, dann zieht oder schiebt die zweite Lokomotive den Zug aus dem Tunnel heraus.

Einen Tunnel zwischen England und Frankreich zu bauen, das ist keine ganz neue Idee. Einer der Ersten, der darüber schon 1750 nachdachte, war Nicolas Desmarest. Er war Geologe, kein Bauingenieur, deshalb konnte er keine Pläne zu dieser damals sehr kühnen Idee liefern … und sie verpuffte.

1798 zeichnete ein Bergwerksingenieur, Albert Mathieu-Favier, tatsächlich die ersten Pläne. Sie waren spektakulär! Er wollte seinen Tunnel über Kamine belüften, die weit über die Wasseroberfläche des Ärmelkanals hinausgeragt hätten. Bei Kerzenbeleuchtung wären die Reisenden in Pferdekutschen durch den Tunnel gefahren. Mathieu-Favier wollte auf einer Sandbank, etwa in der Mitte des Kanals, eine künstliche Insel aufschütten lassen. Die erschöpften Pferde hätten dort ausgetauscht werden können. Die Reisezeit für die knapp 35 Kilometer von Dover nach Calais sollte ca. 5 Stunden betragen.

1802 stellte der Ingenieur seinen Entwurf Napoleon Bonaparte vor. Napoleon war begeistert, doch dann kam diesem Plan die Politik in die Quere: Zwischen England und Frankreich flammten alte Feindseligkeiten auf. Natürlich hatten beide Länder keine Lust mehr auf einen Tunnel, der sie verbindet.

Etwas später faszinierte die Idee eines Verbindungstunnels den Franzosen Aimé Thomé de Gamond so sehr, dass er zwischen 1834 und 1867 insgesamt acht verschiedene Vorschläge entwickelte, wie die beiden Länder miteinander verbunden werden könnten. Auch De Gamond war Bergbauingenieur.

Richtig Fahrt nahm sein Projekt auf, als der Ingenieur William Low mit ihm zusammenzuarbeiten begann. Eine Kanalgesellschaft mit immerhin 80 000 Pfund Startkapital wurde gegründet. Zwischen 1882 und 1883 wurde wild gegraben. Auf der französischen Seite schaffte man einen Tunnel von 1839 Metern Länge, auf der britischen von 1850 Metern. Und dann wurde das Projekt gestoppt: Die Engländer, die sich durch ihre Insellage immer gut geschützt fühlten, bekamen es mit der Angst zu tun. Sie fürchteten, dass bis zu 20 000 Soldaten durch den Tunnel marschieren könnten, und verhängten einen Baustopp.

DAS BUNKERKRANKENHAUS

Ein unscheinbarer Eingang in der Ecke eines Schulhofs, ein paar Treppen geht es hinunter, dann hat man das Gefühl in eine Zeitschleife zu geraten, zurück in die 1960er-Jahre.

In Deutschland gab es 22 Bunkerkrankenhäuser. Eines davon ist beinahe komplett erhalten, so wie es 1965 fertiggestellt wurde. Die Krankenhäuser sollten im Falle eines atomaren Angriffs die medizinische Versorgung sichern.

Eine 700 Kilogramm schwere Türe riegelt das Krankenhaus von der Umwelt ab.

Die Gänge sind weiß gestrichen, auf Schulterhöhe ein grüner Streifen. Er fluoresziert, strahlt Licht ab, sollte im Bunker einmal der Strom ausfallen.

Wie in jedem Krankenhaus, wären die Patienten zunächst aufgenommen worden. Danach hätten sie ihre gesamte persönliche Kleidung abgeben müssen. Die Kleidung hätte man verbrannt, zum Schutz aller im Krankenhaus. An Kleidung können zum Beispiel Keime haften.

Nach der Behandlung in einem der vier Operationssäle sollte der Patient auf eine passende Station kommen: für Kleinkinder, für Jugendliche, für Intensivpatienten oder für »normale« Erwachsene.

Ein Patient mit Beinbruch wäre zunächst geröntgt worden. Die Röntgenbilder hätten die Röntgenassistent(inn)en in einem eigenen Labor entwickeln können. Nach dem Röntgen wäre es direkt in den Gipsraum gegangen.

Natürlich hatte das Krankenhaus auch ein Labor mit den Geräten, die man braucht, um Blutwerte zu ermitteln.

Damit das Krankenhaus gut vor radioaktiver Strahlung geschützt war, wurde es beim Bau umhüllt mit einer 60 Zentimeter dicken Stahlbetonschicht, die von einer Bleischicht ummantelt wird.

650 Menschen konnten in diesem Krankenhaus bis zu zwei Wochen ausharren, ohne einmal mit der Außenwelt Kontakt zu haben.

Es gab Betten für 430 Patienten, die von 150 Ärzten und Pflegern betreut worden wären. Für Verwaltung und Technik gab es ebenfalls Platz: 70 Personen waren dafür eingeplant.

Zweistöckige Betten waren für die Patienten vorgesehen, eng an eng gestellt, sodass ein Patient nicht einmal ein Kästchen für persönliche Sachen hatte. Auch Tische, um die Mahlzeiten einzunehmen, gab es nicht.

Das Personal sollte in dreistöckigen Betten schlafen.

Neben den Operationssälen findet sich ein Raum mit Sterilisatoren. Das gesamte OP-Besteck hätte also gereinigt und wiederverwendet werden können.

Mit großen Dampfgarkesseln war die Küche ausgestattet. Darin hätte man Dosenmahlzeiten erhitzt. Für 650 Personen braucht man davon eine Menge!

Bis 1996 war das Bunkerkrankenhaus immer einsatzbereit, als Krankenhaus genutzt wurde es nie.

DAS VERSTECKTE HOCHHAUS

Mitten in Zürich gibt es ein Hochhaus, allerdings unter der Erde. Das Hochhaus ist ein atomsicherer Bunker, der heute der SBB, der Schweizerischen Bundesbahnen AG, gehört. Davor wurde es vom Militäreisenbahndienst genutzt.

Zehn Geschosse geht es nach unten, und wie jedes Hochhaus ist der Bunker mit dem Namen K85 (K = Kommandoanlage) mit zwei Liften ausgestattet.

Der Bunker ist das Nebenprodukt eines S-Bahn-Tunnels. Als der 1989 eröffnete Hirschengrabentunnel gebaut wurde, entstand der tiefe Stollen, in dem sich nun das Hochhaus versteckt.

Vom S-Bahn-Tunnel aus gibt es einen Gang zu K85. Soldaten hätten in den Bunker einrücken können, ohne dass oberirdisch irgendetwas aufgefallen wäre. Die Soldaten hätten nur irgendwo einen Zug besteigen müssen, der im Tunnel haltgemacht hätte – und das Beziehen von K85 hätte vollkommen geheim stattgefunden.

Heute dient der Zugang aus dem Hirschengrabentunnel als Notausgang. Sollte einmal ein Zug im Tunnel liegen bleiben oder sich dort ein Unglück ereignen, dann müssten die Passagiere durch den Gang in das unterirdische Hochhaus laufen. Danach geht es zehn Stockwerke hinauf, bis man ebenerdig mitten in Zürich steht.

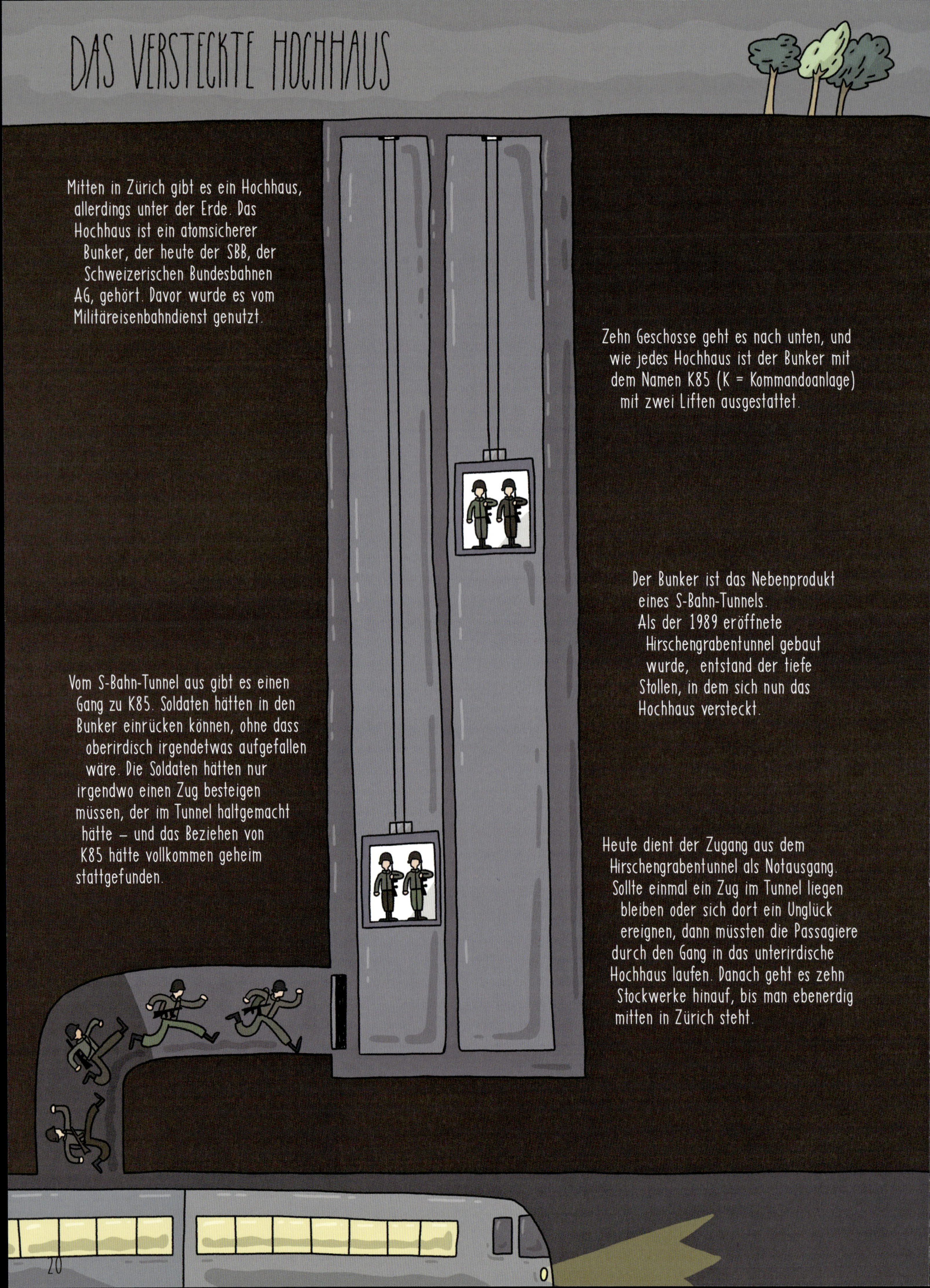

DIE GEHEIME WÄHRUNG

Ab den 1960er-Jahren bis 1988 gab es in Deutschland eine geheime Ersatzwährung, die in einem Bunker gelagert wurde. Man hatte Angst davor, dass Deutschland mit Falschgeld überzogen werden könnte. Falschgeld einschleusen ist eine Art Kriegsführung, denn große Mengen Falschgeld schaden einer Volkswirtschaft enorm. Im Bundesbankbunker in Cochem wurden 15 Milliarden Mark von dieser Währung aufbewahrt. Der Bunker war lange Jahre einer der geheimsten Orte in der Bundesrepublik Deutschland. Nicht einmal die Anwohner in Cochem-Cond wussten, wozu der Bunker dient.

Zwei Wohnhäuser, die »offiziell« als Schulungszentrum für Bundesbank-Mitarbeiter galten, waren die perfekte Tarnung für den Eingang. Früher hatte das Grundstück einem Arzt gehört.

Alle drei Monate kamen Mitarbeiter der Bundesbank in Frankfurt, kontrollierten und zählten das Geld. Das Tolle an einer Geheimwährung ist: Sie kann nicht gefälscht werden, weil niemand sie kennt.

Im Falle eines Krieges, eines atomaren Angriffs oder einer Naturkatastrophe hätten in diesem Bunker 175 Menschen Platz gefunden.

Ein 40 000-Liter-Trinkwassertank, eine Küche, Schlafräume, Bäder und Toiletten sollten sicherstellen, dass die Menschen ohne Kontakt nach draußen zwei Wochen überleben könnten.

Mit Telefonen und Fernschreibern wäre es möglich gewesen, Kontakt zur Außenwelt aufzunehmen. Es gab auch Büros für Bundesbankmitarbeiter. Während draußen die Welt unterginge, hätten sie noch Konten verwalten oder die Ersatzwährung ausgeben können. Da stellt sich die Frage: wozu?

U-BAHN

Das »U« im Wort U-Bahn steht für Untergrund. Allerdings fahren U-Bahnen gar nicht immer im Untergrund. Manchmal sausen sie ebenerdig, manchmal auch auf hoch gelegenen Trassen dahin, aber immer unabhängig vom restlichen Verkehr. Deshalb kann das »U« auch für »Unabhängig« stehen. U-Bahnen haben also ihre eigenen Trassen, fahren in kurzen Abständen und können somit viele Menschen transportieren.

U-Bahnen haben ein besonderes Signalsystem. Es gibt Hauptsignale, Vorsignale und Geschwindigkeitssignale. Die Hauptsignale sind die wichtigsten: Sie regeln die Einfahrt in einen Streckenabschnitt und auch die Geschwindigkeit, mit der gefahren werden darf.

Vorsignale braucht es dringend für die U-Bahn. U-Bahn-Züge haben zum Beispiel einen sehr langen Bremsweg. Deshalb muss sichergestellt werden, dass der U-Bahn-Fahrer rechtzeitig weiß, wann ein Signal kommt, das ihn abbremsen wird. Diese Aufgabe übernehmen die Vorsignale.

Dieses Vorsignal kündigt einen Halt oder eine Langsamfahrt an.

Dieses Signal erlaubt eine Langsamfahrt mit höchstens 40 km/h.

U-Bahnen fahren mit Starkstrom. Sie greifen ihn an Schienen ab, die in den Tunnelröhren verlegt sind. Gerät ein Mensch an so eine Schiene, dann endet das immer tödlich.

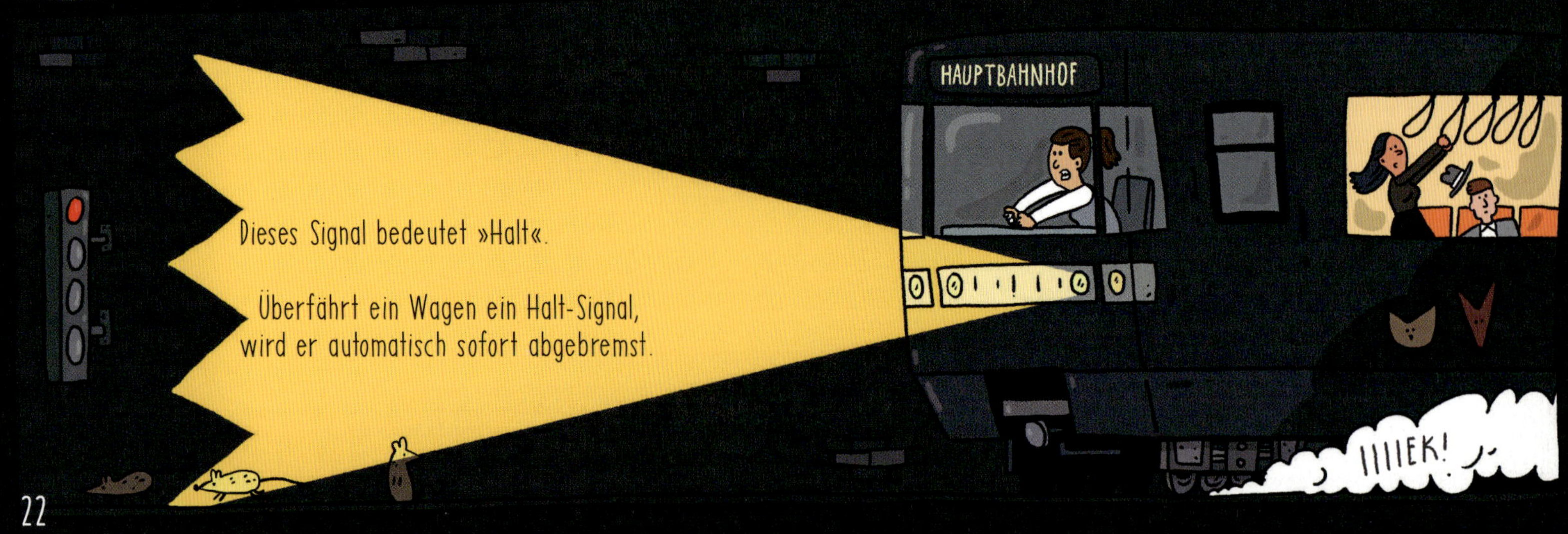

Dieses Signal bedeutet »Halt«.

Überfährt ein Wagen ein Halt-Signal, wird er automatisch sofort abgebremst.

In U-Bahn-Waggons gibt es eine Notbremse. Zieht ein Fahrgast an der Bremse, während der Zug am Bahnsteig steht, dann bleibt der Zug dort stehen.

Das ist zum Beispiel sinnvoll, wenn ein Passagier mit seinem Fuß zwischen Zug und Bahnsteigkante festklemmt.

Die Rillen, die in den Stationen entlang der Bahnsteigkante in den Boden eingelassen sind, helfen Blinden, diese Kante zu erkennen.

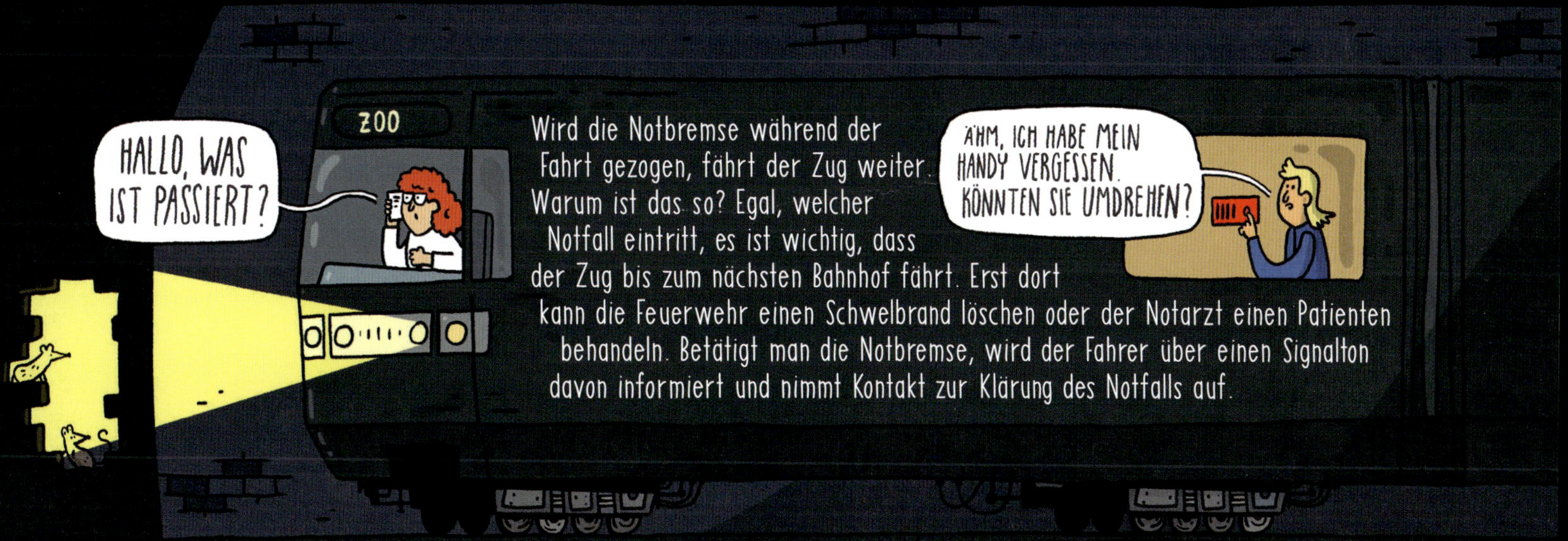

Wird die Notbremse während der Fahrt gezogen, fährt der Zug weiter. Warum ist das so? Egal, welcher Notfall eintritt, es ist wichtig, dass der Zug bis zum nächsten Bahnhof fährt. Erst dort kann die Feuerwehr einen Schwelbrand löschen oder der Notarzt einen Patienten behandeln. Betätigt man die Notbremse, wird der Fahrer über einen Signalton davon informiert und nimmt Kontakt zur Klärung des Notfalls auf.

Große Notfallhebel, die auf den Bahnsteigen stehen, stoppen Züge vor der Einfahrt in eine Station.

Unter den Bahnsteigkanten befindet sich bei vielen U-Bahn-Stationen, auch bei älteren, ein sogenannter Sicherheitsraum.

Stürzt ein Wartender auf das Gleis, kann er sich vor einem einfahrenden Zug in diesen Raum retten und wird nicht überrollt.

Die U-Bahn-Betriebszentrale steuert das gesamte U-Bahn-Netz. Dort laufen alle wichtigen Informationen zusammen: Die Fahrerinnen und Fahrer melden, wenn ihnen auf der Strecke etwas auffällt, das Servicepersonal auf den Stationen meldet ebenfalls Unregelmäßigkeiten. Eine ganz wichtige Aufgabe im U-Bahn-Betrieb haben Disponenten.

Sie überwachen die Pünktlichkeit der Züge, davon hängen ja auch die Anschlusszüge ab. Auf großen Bildschirmen sehen sie das gesamte Gleisbild und jeden Zug und haben so immer einen guten Überblick über den laufenden Betrieb. Kommt es zu Störungen im Ablauf, weil ein Triebwagen defekt ist, dann planen Disponenten die Umleitungen und geänderten Fahrzeiten.

Die Stellwerker sind für die Weichen, aber auch für die Signale und für das An- und Abhängen der Züge verantwortlich. Auch sie sitzen in der Betriebszentrale vor großen Bildschirmen.

Disponenten arbeiten eng mit den U-Bahn-Mitarbeitern zusammen, die für die Fahrgastinformation zuständig sind. Diese können dann über Lautsprecher auf allen Bahnhöfen einer Linie die Wartenden darüber informieren, warum es zu Verspätungen kommt und wie lange es dauern wird.

Müssen Techniker zu Hilfe gerufen werden, um im Tunnel einen Wagen, eine Weiche oder etwas anderes zu reparieren, dann dürfen sie den Tunnel erst betreten, wenn ihnen der Disponent die Erlaubnis erteilt hat.

Otto Koloman Wagner war bereits ein angesehener Architekt, als er endlich das Projekt verwirklichen konnte, das ihm schon lange am Herzen lag:

DIE WIENER STADTBAHN

Am 18. Juli 1892 fiel der Startschuss dafür. Wagner entwarf Viadukte, Brücken und einzelne Stationen.

Das Netz der Wiener U- und S-Bahnen wurde auf den Trassen dieser Stadtbahn aufgebaut.
Auf den Linien U4 und U6 kann man die Gebäude bis heute bestaunen. Natürlich wurden Überwachungskameras, Aufzüge, Blindenleitsysteme oder eine neue Beleuchtung in die Gebäude eingebaut. Sie funktionieren bis heute trotz der höheren Fahrgastzahlen ganz einwandfrei.

1925 war die Stadtbahn voll elektrifiziert, davor waren die Züge noch von Dampfloks gezogen worden. Die Züge, die eingesetzt wurden, sahen aus wie lange Trambahnen.

In den 1950er-Jahren nahm der Autoverkehr immer mehr zu. Die Straßen im und um den 1. Bezirk waren überlastet, immer wieder kam es zu langen Staus. Da gab es nur eine Lösung: öffentliche Verkehrsmittel, die, vollkommen unabhängig vom Staugeschehen oben, unterirdisch fuhren.

Am 26. Januar 1968 wurde vom Gemeinderat der Stadt Wien der Beschluss zum Bau einer U-Bahn unterzeichnet.
1969 arbeitete sich bereits eine »Maulwurf« genannte riesige Schildvortriebs-Maschinc durch die Erde, um mit dem ersten neuen Tunnel am Karlsplatz zu beginnen.
Am 18. August 1973 wurde mit Schwerlastkränen ein U-Bahn-Zug für die erste Probefahrt in den noch offenen Tunnel hineingehoben.

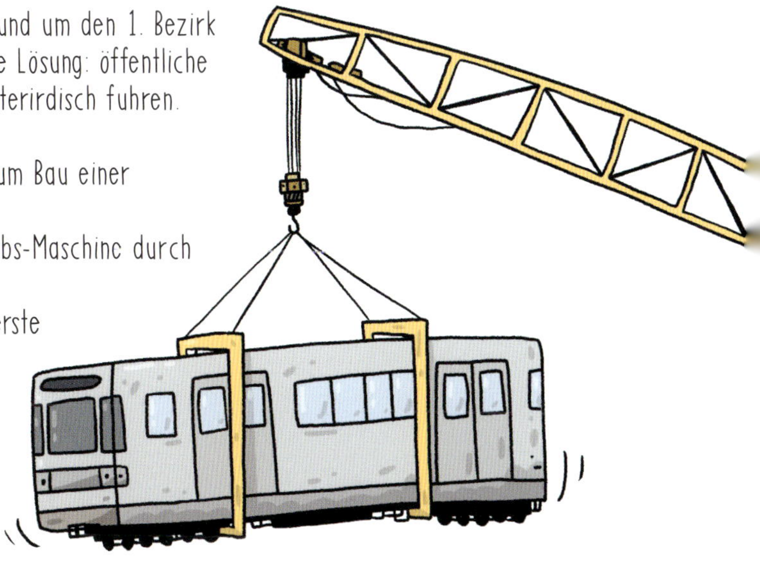

Der Tunnelvortrieb erfolgte zum Teil in der »Neuen österreichischen Bauweise«. Dabei gräbt man zunächst das Erdreich der oberen Hälfte des Tunnels aus. In der Mitte der 80 Zentimeter ins Erdreich ragenden Höhle bleibt ein Erdkern stehen. Er sichert das Überleben der Arbeiter, sollte die Erde nachgeben.

Im Wiener U-Bahn-Netz gibt es »geheime« Tunnel. Das sind Querverbindungen zwischen den Linien, die dazu dienen, Ersatzzüge auf eine bestimmte Linie zu verschieben. Durch diese Tunnel werden auch Züge von oder zur Werkstatt gebracht. Die Zugführer kennen sie gut, die Fahrgäste bekommen sie nie zu Gesicht.

Die Römer auf der Suche nach GOLD

Die Römer waren ganz verrückt nach Gold. Sie prägten ihre wertvollsten Münzen aus dem Material und fertigten auch wunderschönen Schmuck daraus an. Die größte Goldmine des Römischen Reiches lag in Spanien.

Die Bergleute arbeiteten Tag und Nacht bei Lampenlicht in den engen Gängen.

Aus den Beschreibungen von Plinius weiß man, dass die Stollen immer wieder einstürzten und viele Bergarbeiter starben.

Die Technik, mit der die Römer die Landschaft im Nordosten Spaniens auf der Suche nach dem Edelmetall zerklüftet haben, nannte sich »Ruina Montium«. Der Trick daran war, dass die Römer die Kraft des Wassers nutzten.

Bergleute haben in einem bestimmten Raster schmale, blinde Stollen und Gänge, also Stollen und Gänge, die nirgendwo hinführten, in Berge hineingetrieben.

Dann ließen die römischen Goldsucher Wasser mit großer Geschwindigkeit hineinschießen. Der Druck im Berg wurde so groß, dass er zerbarst oder zumindest große Teile weggesprengt wurden.

Das Gebiet wurde 1997 zum Weltkulturerbe ernannt, weil es ein ganz besonderes Beispiel dafür ist, wie Natur in großem Maße vor beinahe 2000 Jahren durch den Menschen verändert und umgestaltet wurde.

Die Reste der gesprengten Berge ragen rot und leuchtend wie Felsen aus der Landschaft und sind ein Zeugnis des Erfindungsreichtums der Menschen.
Bis heute sieht man die Spuren der römischen Grabungs- und Sprengarbeiten. Plinius der Ältere, ein römischer Schriftsteller, hat es so beschrieben: Das, was man in Las Médulas sieht, würde das Werk von Giganten, also von Riesen, übersteigen.
Aus dem Geröll mussten die römischen Sklaven dann das Gold herauswaschen. 20 000 von ihnen arbeiteten in den Goldminen.
GUTE ARBEIT, SKLAVE!
DANKE, CHEF…
In einer Tonne Gestein sind ca. 3 bis 5 Gramm Gold enthalten, in ergiebigen Minen etwas mehr. So viele Steine müssen bewegt werden für so eine geringe Menge Edelmetall. Das hat sich bis heute nicht geändert.
Über zwei Jahrhunderte bauten die Römer in Spanien Gold ab. 100 Millionen Kubikmeter Felsen und Erde bewegten sie dabei auf 20 Quadratkilometern Fläche. Aus dem Geröll türmten sie Mauern auf, die bis heute noch stehen.

WARUM IST GOLD WERTVOLL?

Gold ist so wertvoll, weil sein Bestand begrenzt ist. Zwischen 160 000 bis 200 000 Tonnen wurden bis heute geschätzt ausgegraben. Die alten Ägypter, die Azteken, die Römer, sie alle fanden schon Gefallen an dem seltenen Edelmetall. Es gibt noch viele Goldreserven, aber viele von ihnen sind kaum zugänglich, weil sie kilometertief unter den Ozeanen lagern.

Mit Gold kann man zeigen, dass man zu den Mächtigen und Reichen zählt. Könige und Kaiser, Päpste oder die Pharaonen, sie alle nutzten die Wirkung von Gold, um ihre Macht zu untermauern.

Gold wird in technischen Produkten verbaut und spielt in der Medizin eine wichtige Rolle:

... und in Zähne wird häufig Gold eingesetzt. Es ist robust und hält lange.

In jedem Handy stecken ein paar Milligramm Gold ...

Gold verliert im Unterschied zu anderen Anlagen seinen Wert nicht. Das ist gerade in Krisenzeiten ein großer Vorteil.

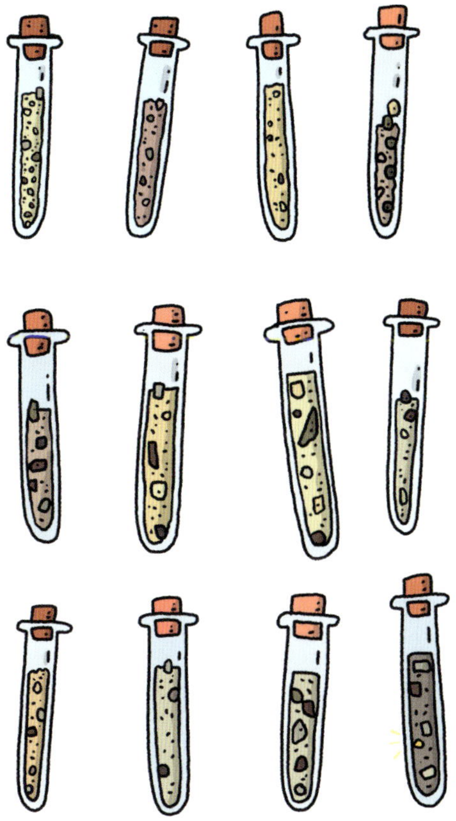

Eine Goldmine zu erschließen, lohnt sich nur, wenn man weiß, es ist genügend Golderz im Gestein vorhanden, um die Mine Jahrzehnte zu betreiben.

Geologen suchen nach dem Edelmetall im Boden, aber nur eine von 3000 Untersuchungen führt dazu, dass eine Fördermine errichtet wird. Bei der Goldsuche braucht man immer noch viel Glück.

Heute suchen große Minenkonzerne nach Gold. Früher wurden Landschaften zerstört, nur um an das Gold zu gelangen. Das ist heute noch so, doch die Konzerne müssen nach der Stilllegung einer Mine versuchen, das Ökosystem möglichst wieder herzustellen.

Die Arbeiter, die in der tiefsten Goldmine der Erde in Südafrika arbeiten, sausen mit zwei verschiedenen Aufzügen erst einmal 3200 Meter in die Tiefe, bevor es mit einem Zug noch ein bisschen weiter hinuntergeht.

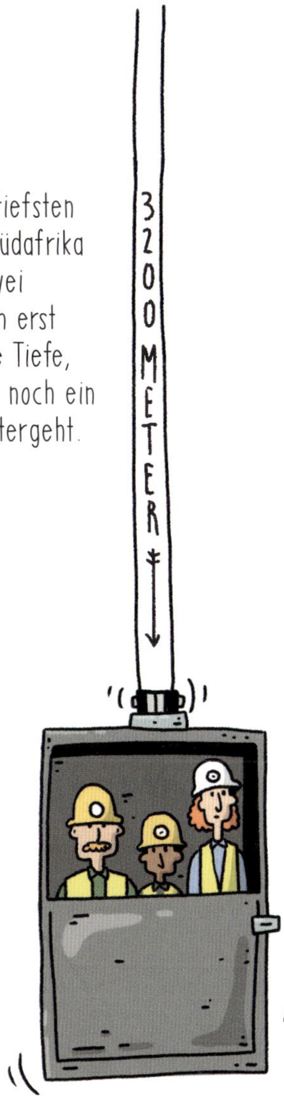

In einer Mine gibt es kein reines Gold, das man funkeln sieht. Es gibt Gesteinsadern, die das Gold enthalten. Das Gestein nennt man Golderz.

Das Golderz wird mit Metallkugeln mechanisch zermahlen.

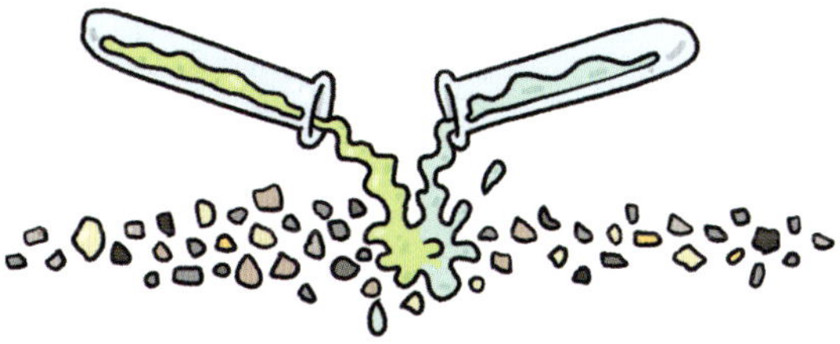

Aus dem Gesteinsstaub wird das Gold mit chemischen Verfahren herausgelöst. In kleineren Minen, die sich nicht an Umweltauflagen halten, verursachen diese chemischen Verfahren große Schäden an der Umwelt.

Bis heute ist die Goldsuche mühsam. Das erklärt den hohen Preis, den Menschen bereit sind, für das Metall zu bezahlen.

DAS SALZBERGWERK

Die Pfeiler schützen die Bergleute, aber auch die Menschen, die in der Nähe des Bergwerks wohnen, davor, dass das Bergwerk einstürzt.

Unter Tage eröffnen sich große Räume und lange Straßen. Warm ist es dort, meist um die 28 Grad, und die Luft ist sehr trocken.

Über die Straßen fahren riesige Fahrzeuge, die ganz anders aussehen als diejenigen, die man zum Beispiel von Baustellen kennt.

Es gibt Fahrlader, die so flach konstruiert sind, dass sie noch in Stollen unter 1,60 Meter einfahren können.

Gerade im süddeutschen und österreichischen Raum gelangten die Bergmänner früher über Rutschen in die Tiefe, weil es schneller ging, als eine Treppe hinunterzusteigen. Heute geht es rasend schnell in riesigen Körben nach unten, die ein bisschen an Käfige erinnern.

Gehen die Fahrzeuge kaputt, dann müssen die Riesen repariert werden. Auch das passiert in der Tiefe, in großen Hallen, deren Wände aus Salz bestehen.

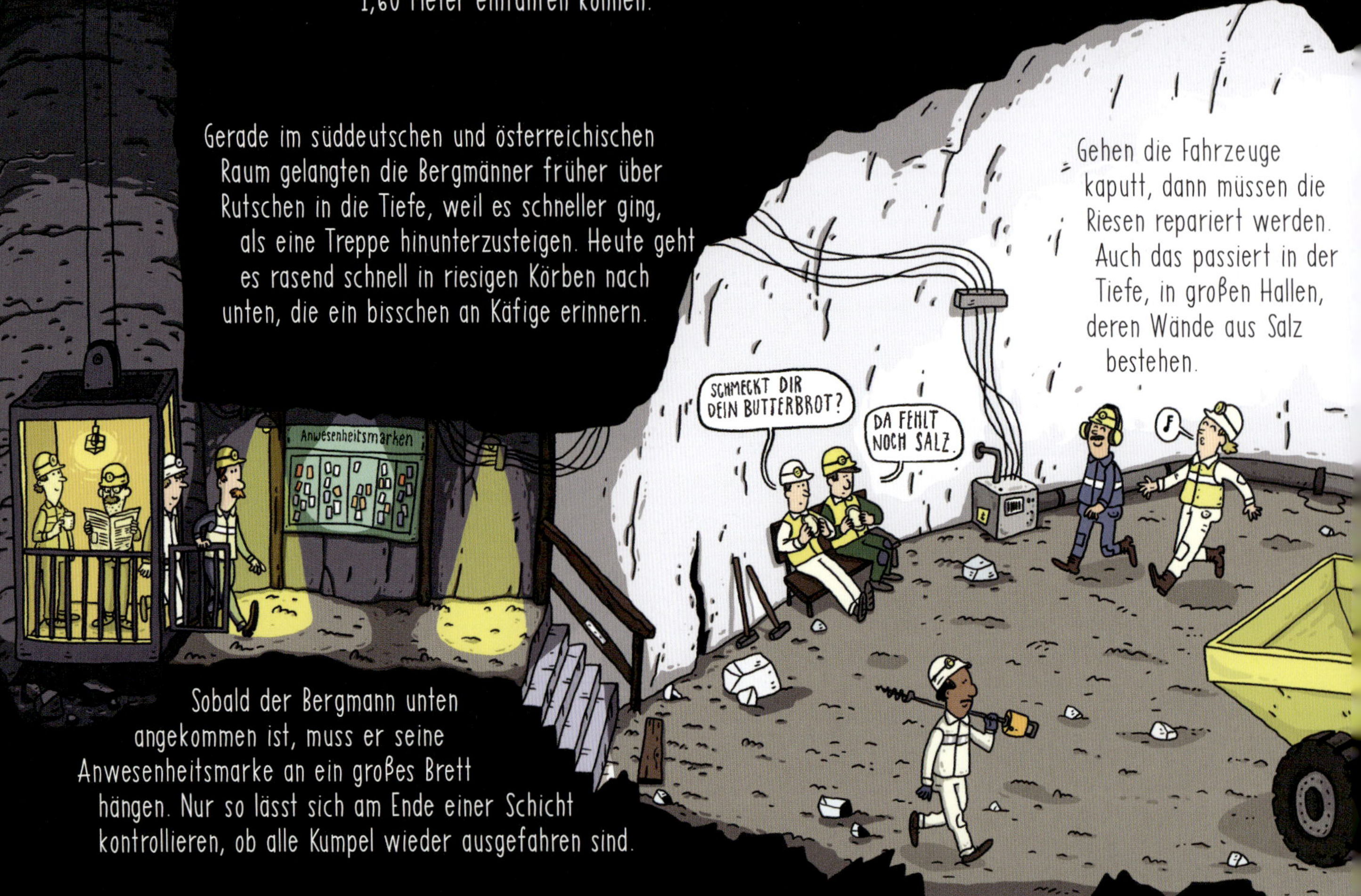

Sobald der Bergmann unten angekommen ist, muss er seine Anwesenheitsmarke an ein großes Brett hängen. Nur so lässt sich am Ende einer Schicht kontrollieren, ob alle Kumpel wieder ausgefahren sind.

Riesige Muldenkipper transportieren das abgebaute Salz durch das weite Stollennetz.
PING
BROOOM
Das größte Salzbergwerk Deutschlands hat eine Stollenfläche, die in etwa doppelt so groß ist wie die Fläche Münchens, über 600 Quadratkilometer. Das ist ein ganz schönes Labyrinth!
HA! ERWISCHT!
MIST!
Weil so viele Fahrzeuge im Bergwerk unterwegs sind, gibt es Verkehrsregeln wie auf der Straße, sogar geblitzt wird.
Alle Ersatzteile werden in den Hallen gelagert. Wegen einer Schraube kann man nicht 750 Meter in die Höhe und wieder zurück fahren.
Daneben gibt es kleinere Räume, die als Büros genutzt werden. Denn so viele Menschen, Fahrzeuge und Maschinen müssen verwaltet werden.
BÜRO
Ruheräume, für die Bergmänner, die auch Kumpel oder Knappen genannt werden, gibt es natürlich auch.

Salz braucht jeder Mensch, jeden Tag. Deshalb wurde Salz schon früh gehandelt. Doch nicht das gesamte Salz, das abgebaut wird, ist Speisesalz. Salz verwendet man auch zur Herstellung von Glas, Dünger oder Zahnpasta, Papier oder Medikamenten. Und im Winter kommt es auf die Straßen, um Schnee und Eis aufzutauen.

DER MENSCHLICHE KÖRPER

Der menschliche Körper funktioniert nur mit Salz. Circa 200 Gramm davon hat ein Erwachsener in seinem Körper, natürlich aufgelöst in Flüssigkeiten. Deshalb schmecken Tränen und Schweiß salzig. Zellen und Organe brauchen das Salz, um zu funktionieren, und auch der Wasserhaushalt gerät durcheinander, bekommt der Körper kein Salz.

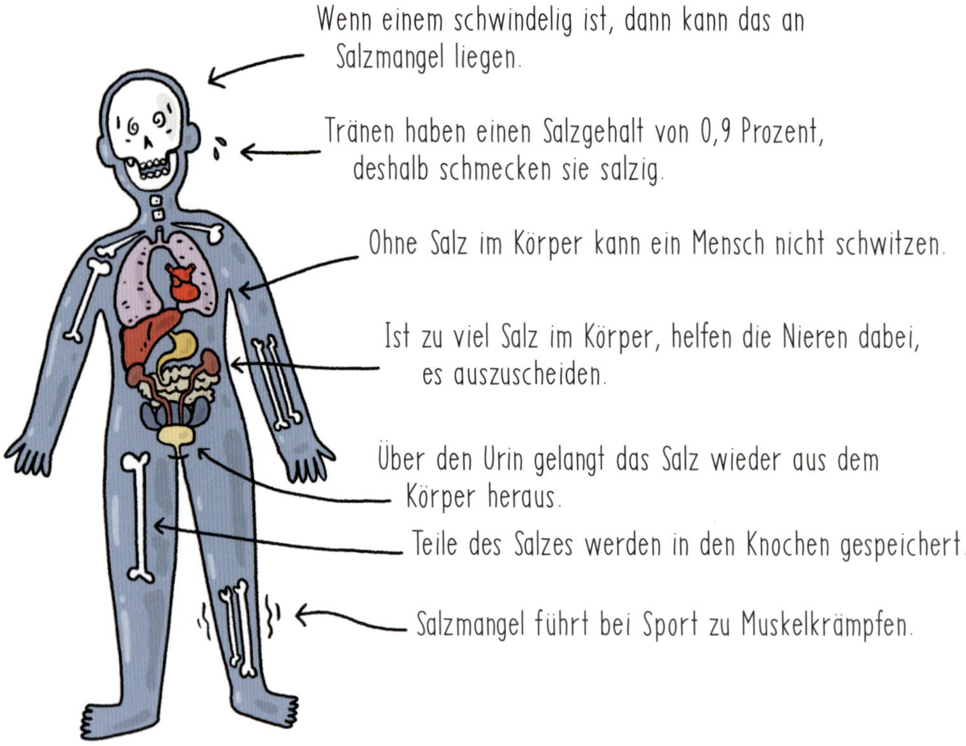

Kanarienvögel singen nicht nur schön, sie sind auch Lebensretter: Zunächst nahmen Bergleute die Vögel mit unter Tage, um sich über ihren Gesang zu freuen. Sobald die kleinen gefiederten Freunde unruhig wurden und nicht mehr trällerten, war klar: Der Sauerstoff wird knapp!

Alle Kumpel müssen an die frische Luft. Weil die Lungen der Vögel 16-mal schneller auf Gift reagieren, wurden Kanarienvögel im Ruhrgebiet eingesetzt, um das geruchlose Kohlenmonoxid anzuzeigen. Menschen können eine Vergiftung erleiden und ersticken.

WIE KOMMT DAS SALZ UNTER DIE ERDE?

Jahrmillionen ist es her, da verdunsteten allmählich die flachen Randmeere der großen Ozeane, die die Erde überzogen. Ganz langsam bildeten sich dicke Salzschichten.

Durch große Erdverschiebungen und Windabtragungen gelangten diese Salzvorkommen unter die Erde.

Salzstöcke, so nennt man die Salzansammlungen unter der Erde, haben meist die Form von einem Pilz oder einem umgekehrten Tropfen. So ein Salzstock kann mehrere Tausend Meter hoch sein.

Die Kelten waren ca. 1000 v. Chr. die Ersten, die das entdeckten und mit dem Salzabbau im Berg begannen.

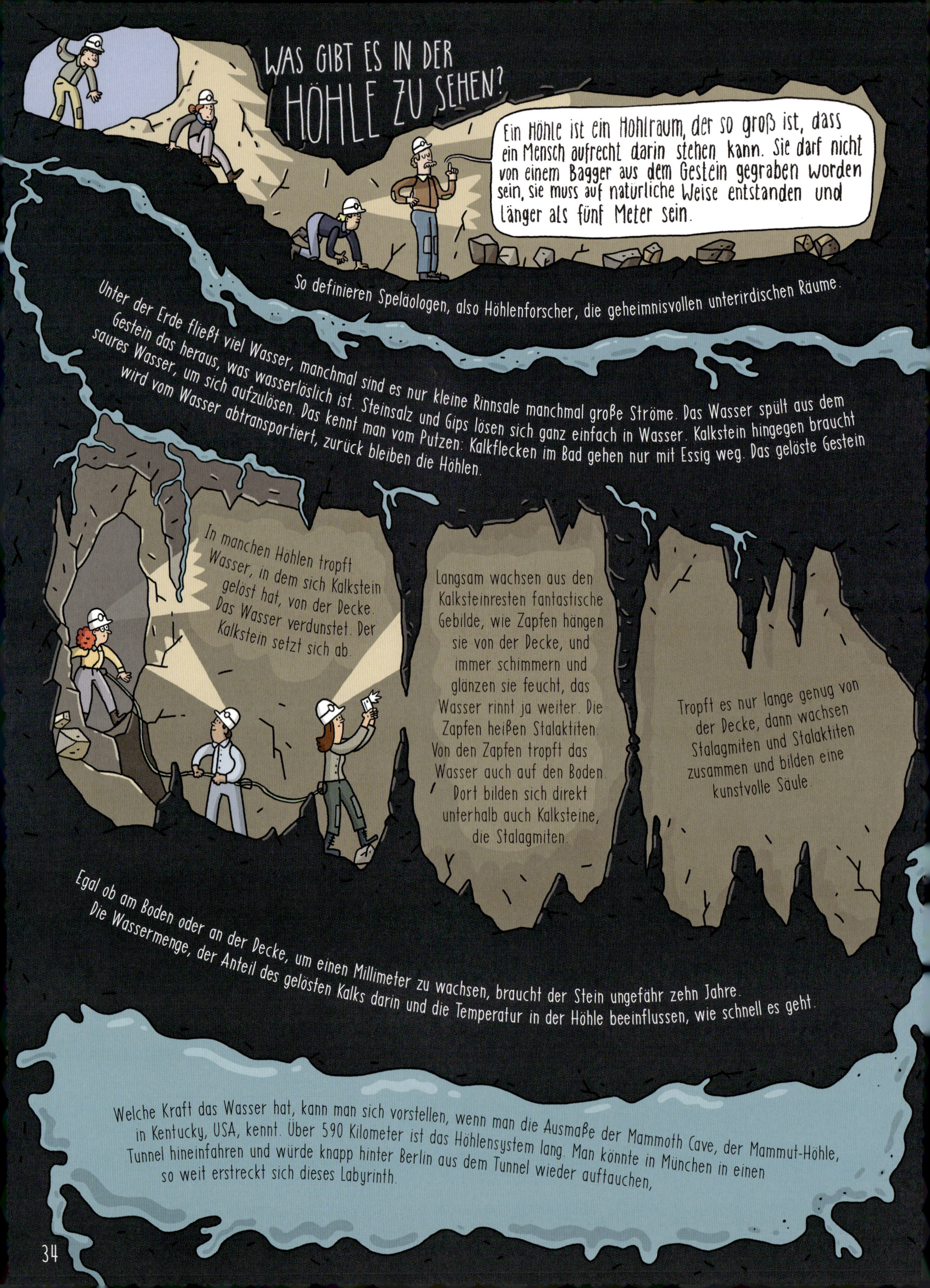
WAS GIBT ES IN DER HÖHLE ZU SEHEN?
Ein Höhle ist ein Hohlraum, der so groß ist, dass ein Mensch aufrecht darin stehen kann. Sie darf nicht von einem Bagger aus dem Gestein gegraben worden sein, sie muss auf natürliche Weise entstanden und länger als fünf Meter sein.
So definieren Speläologen, also Höhlenforscher, die geheimnisvollen unterirdischen Räume.
Unter der Erde fließt viel Wasser, manchmal sind es nur kleine Rinnsale manchmal große Ströme. Das Wasser spült aus dem Gestein das heraus, was wasserlöslich ist. Steinsalz und Gips lösen sich ganz einfach in Wasser. Kalkstein hingegen braucht saures Wasser, um sich aufzulösen. Das kennt man vom Putzen: Kalkflecken im Bad gehen nur mit Essig weg. Das gelöste Gestein wird vom Wasser abtransportiert, zurück bleiben die Höhlen.
In manchen Höhlen tropft Wasser, in dem sich Kalkstein gelöst hat, von der Decke. Das Wasser verdunstet. Der Kalkstein setzt sich ab.
Langsam wachsen aus den Kalksteinresten fantastische Gebilde, wie Zapfen hängen sie von der Decke, und immer schimmern und glänzen sie feucht, das Wasser rinnt ja weiter. Die Zapfen heißen Stalaktiten. Von den Zapfen tropft das Wasser auch auf den Boden. Dort bilden sich direkt unterhalb auch Kalksteine, die Stalagmiten.
Tropft es nur lange genug von der Decke, dann wachsen Stalagmiten und Stalaktiten zusammen und bilden eine kunstvolle Säule.
Egal ob am Boden oder an der Decke, um einen Millimeter zu wachsen, braucht der Stein ungefähr zehn Jahre. Die Wassermenge, der Anteil des gelösten Kalks darin und die Temperatur in der Höhle beeinflussen, wie schnell es geht.
Welche Kraft das Wasser hat, kann man sich vorstellen, wenn man die Ausmaße der Mammoth Cave, der Mammut-Höhle, in Kentucky, USA, kennt. Über 590 Kilometer ist das Höhlensystem lang. Man könnte in München in einen Tunnel hineinfahren und würde knapp hinter Berlin aus dem Tunnel wieder auftauchen, so weit erstreckt sich dieses Labyrinth.

In der Mammut-Höhle wurden insgesamt sieben Mumien gefunden. Menschen haben die Höhle also schon vor mehr als 2000 Jahren betreten.
ICH HABE ETWAS GEFUNDEN!
ICH AUCH ...
Wahrscheinlich waren sie auf der Suche nach Gips. Anhand von Sandalen- und Fackelfunden weiß man, dass es nicht wenige waren, die damals die Höhlen erkundeten.
1935 hat man in der Höhle »Lost John«, den verloren gegangenen John, entdeckt. Er ist mehr als 2300 Jahre alt. Er konnte die Mammut-Höhle nicht mehr verlassen, weil die Steindecke über ihm einstürzte. Lost John war ungefähr 45 Jahre alt und 1,60 Meter groß. John ist die einzige der sieben Mumien, die bis heute erhalten ist.
Viele Fledermäuse hängen kopfüber an den Decken der einzelnen Räume in der Mammut-Höhle. Und alle diese vielen Fledermäuse kacken auf den Höhlenboden.
Aus Fledermauskacke kann man Salpeter gewinnen, den man wiederum braucht, um Schießpulver herzustellen. Zum Einsammeln der Fledermaus-Hinterlassenschaften wurde die Höhle um 1800 herum sehr häufig von Menschen besucht.
In der zweiten Hälfte des 19. Jahrhunderts gab es in der Mammut-Höhle eine eigene Band. Sie sollte die damaligen Besucher an verschiedenen spektakulären Punkten unterhalten. In den Wintermonaten, außerhalb der Reisesaison, spielten die Musiker angeblich im Orchester des Louisville-Theaters.

HÖHLENKLIMA

Auch in Höhlen gibt es ein Klima. Eine Höhle, die so abgeschlossen ist von der Welt oben, in der müssten eigentlich Temperatur und Luftfeuchtigkeit immer gleich bleiben. Dem ist aber nicht so, denn die Umweltbedingungen außen um die Höhle herum spielen eine große Rolle dabei, wie sich das Klima in der Höhle verändert.

Höhlen haben oft einen relativ kleinen Eingang. Im Inneren öffnen sich riesige Räume, von denen wiederum schmale Gänge abgehen, die weit ins Innere der Erde hineinführen. Steigt außerhalb der Höhle der Luftdruck, dann fließt Luft in die Höhle hinein. Sinkt der Luftdruck, weil sich schlechtes Wetter ankündigt, dann fließt ganz langsam Luft aus der Höhle hinaus.

Luft fließt so lange hinein oder aus der Höhle heraus, bis der Druck innen und außen ausgeglichen ist. Durch den Druckausgleich bewegt sich die Luft in der Höhle ebenfalls. An den Engstellen ist das deutlich leichter zu messen als in den großen Räumen. In der »Wind Cave«, der Wind-Höhle in den USA, ist der Luftstrom gut zu spüren. Manchmal fliegen sogar die Haare der Besucher. In anderen Höhlen brauchen Forscher extrem feine Windmesser, um nachzuweisen, dass sich die Luft bewegt.

Für das Klima in Eishöhlen spielt die Außentemperatur eine Rolle. In den Bayerischen Alpen liegt die Schellenberger Eishöhle. Ihr einziger Eingang befindet sich in 1570 Metern Höhe. Im Inneren liegen geschätzte 60000 Kubikmeter Eis, teilweise in einer Stärke von bis zu 30 Metern.

Seit 1925 kann man die Höhle besichtigen, davor muss man allerdings 3 ½ Stunden bergsteigen.

Von den 3621 erforschten Metern in der Höhle können Besucher nur 500 Meter ablaufen.

Wird es im Winter richtig kalt, dann strömt viel eisige Luft in die Höhle hinein. Sie ist schwer, sackt ab und legt sich in der Tiefe über den Eispanzer. Die kalte Luft ist schwerer als warme, weil sie eine höhere Dichte hat.

Wird es Sommer auf dem Berg, dann kann es dort schon einmal 30 Grad warm werden. Die warme Luft dringt in die Höhle ein, aber die kalte schwere Luft hindert sie daran, tief einzudringen. Deshalb gibt es in der Eishöhle kaum Luftströmungen.

Das Klima in der Eishöhle ändert sich immer dann geringfügig, wenn viele Besucher kommen. Sie wirbeln die kalte und die warme Luftmasse durcheinander und auch ihre vom Bergsteigen verschwitzten Körper heizen die Luft auf.

DIE TIEFGARAGE
FREI
Tarife / Fee
10
2.2
EINFAHRT ↓
An den Ein- und Ausfahrstationen sind Schranken angebracht. Erst wenn ein Parkticket gezogen wird, geht die Schranke auf.
Auf den Tickets sind Strichcodes. Werden diese Codes am Kassenautomat eingelesen, dann weiß der Automat, wie lange das Auto in der Tiefgarage stand. So kann die Parkgebühr ganz genau errechnet werden.
TICKET
In manchen Tiefgaragen können die Fahrer ihr Auto zur Reinigung abgeben. Von Hand wird die Karosserie gewaschen und poliert. Natürlich wird auch der Innenraum ganz gründlich gesaugt.
Schuhputzautomaten und sogar Regenschirmautomaten findet man ebenfalls an den Ausgängen solcher »Luxus-Tiefgaragen«.
SAUBER
SCHOKO & POP REINIGUNG UVM.
Parkplätze für Menschen mit körperlichen Einschränkungen gibt es in beinahe jeder Tiefgarage. Sie sind breiter und länger: Denn egal, ob der Rollstuhlfahrer seitlich aussteigt oder über die Heckklappe, er braucht auch noch genügend Platz, um sich mit dem Rolli bewegen zu können.
P2
COOL DUDE
P3
WO HABE ICH NUR GEPARKT?

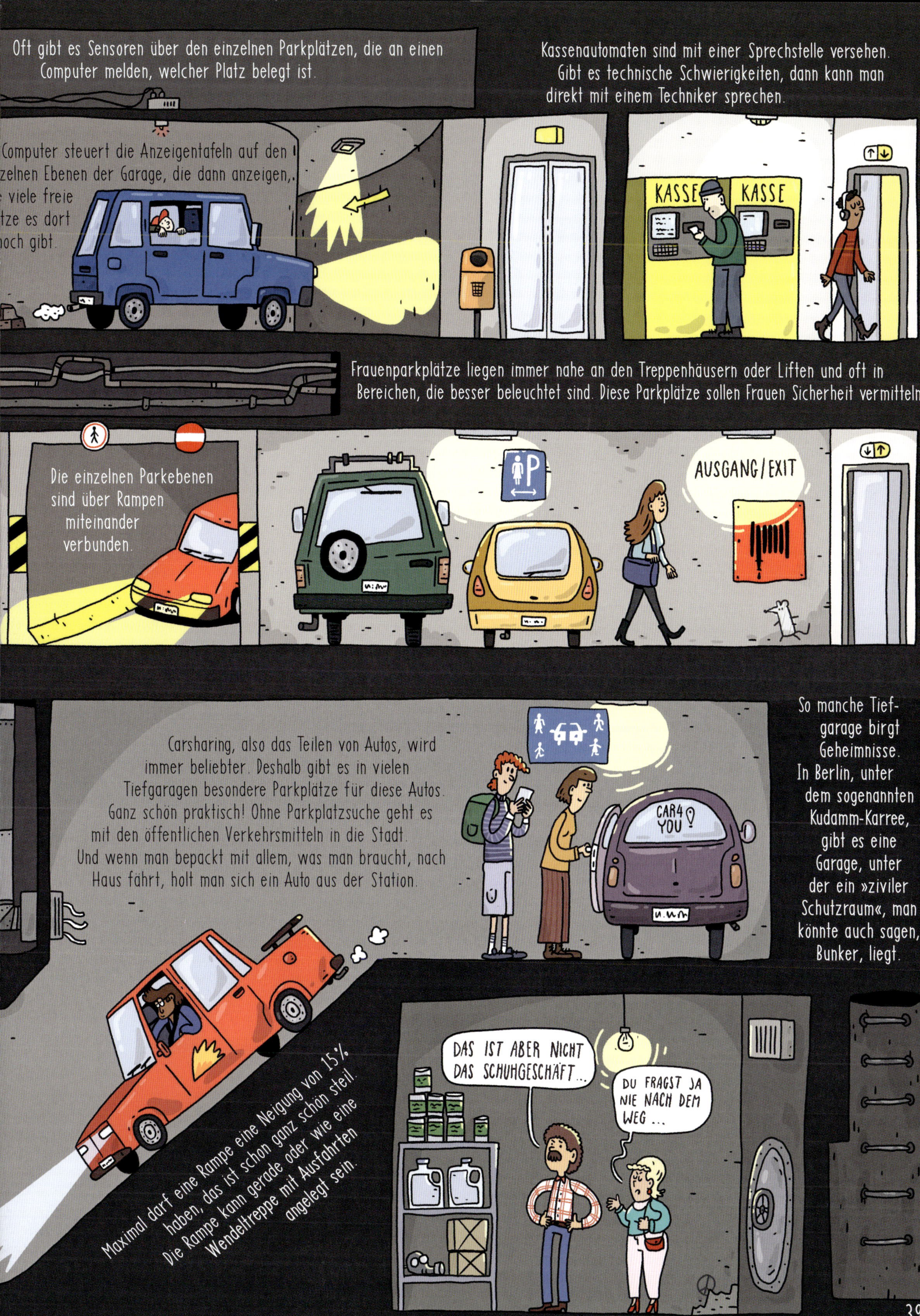
Oft gibt es Sensoren über den einzelnen Parkplätzen, die an einen Computer melden, welcher Platz belegt ist.
Kassenautomaten sind mit einer Sprechstelle versehen. Gibt es technische Schwierigkeiten, dann kann man direkt mit einem Techniker sprechen.
Computer steuert die Anzeigentafeln auf den zelnen Ebenen der Garage, die dann anzeigen, viele freie tze es dort noch gibt.
KASSE
KASSE
Frauenparkplätze liegen immer nahe an den Treppenhäusern oder Liften und oft in Bereichen, die besser beleuchtet sind. Diese Parkplätze sollen Frauen Sicherheit vermitteln.
Die einzelnen Parkebenen sind über Rampen miteinander verbunden.
P
AUSGANG/EXIT
Carsharing, also das Teilen von Autos, wird immer beliebter. Deshalb gibt es in vielen Tiefgaragen besondere Parkplätze für diese Autos. Ganz schön praktisch! Ohne Parkplatzsuche geht es mit den öffentlichen Verkehrsmitteln in die Stadt. Und wenn man bepackt mit allem, was man braucht, nach Haus fährt, holt man sich ein Auto aus der Station.
CAR4 YOU
So manche Tiefgarage birgt Geheimnisse. In Berlin, unter dem sogenannten Kudamm-Karree, gibt es eine Garage, unter der ein »ziviler Schutzraum«, man könnte auch sagen, Bunker, liegt.
Maximal darf eine Rampe eine Neigung von 15% haben, das ist schon ganz schön steil. Die Rampe kann gerade oder wie eine Wendeltreppe mit Ausfahrten angelegt sein.
DAS IST ABER NICHT DAS SCHUHGESCHÄFT ...
DU FRAGST JA NIE NACH DEM WEG ...

Die Parkplätze in Tiefgaragen können ganz unterschiedlich angeordnet sein. Je nachdem, ob das Auto schräg, längs oder quer eingeparkt werden muss, ändert sich die Breite der Gasse zwischen den Parkplätzen.

Das hängt mit dem Wendekreis der Autos zusammen, der zwischen acht und 13 Metern liegen kann. Wenn die Gasse zu schmal ist, dann kann man im Ernstfall sein Auto nicht mehr ausparken. Das wäre blöd!

Ein Einstellplatz muss mindestens fünf Meter lang sein. Das ist nicht viel, denn die großen Automodelle messen zum Teil schon über fünf Meter.

Auch die Mindestbreite eines Einstellplatzes ist knapp bemessen: 2,50 Meter sind das. Ein großer Mercedes kann knapp zwei Meter breit sein.

12- bis 14-mal pro Jahr beginnt in Deutschland ein Auto in einer Tiefgarage zu brennen. Rauchmelder lösen zunächst eine selbstständige Feuerlöschanlage aus. Das sind kleine Düsen, meist an der Decke angebracht, die Wasser versprühen. Automatisch wird gleichzeitig bei der örtlichen Feuerwehr ein Alarm aktiviert.

In jeder Tiefgarage gibt es eine sogenannte Löschwassereinspeisung. Die Feuerwehr nutzt sie. Damit hat sie genügend Wasser zur Verfügung, um auch den Brand eines Elektrofahrzeugs zu löschen.

Für die Feuerwehr ist es wichtig zu wissen, ob ein Fahrzeug mit Benzin- oder Dieselmotor brennt oder ein Elektrofahrzeug. Bei Benzin- und Dieselmotoren werden die Flammen mit Wasser erstickt. Die Batterien, die Elektrofahrzeuge antreiben, können sich immer wieder entzünden, da braucht es beinahe 10 000 Liter Wasser, bis der Brand nicht mehr aufflammt. Das ist mehr, als ein normaler Löschzug mit sich führt.

Erste große Garagen für Autos entstanden um 1900 in Städten wie Paris oder London. Immer mehr Menschen hatten ein eigenes Auto, fuhren zum Einkaufen oder Bummeln in die Stadt, und die Parkplätze wurden knapp, damals schon!
Die ersten großen Tiefgaragen wurden dann in Bern und Lausanne, also in der Schweiz, um 1955 in die Erde gegraben.

GRUNDWASSER

WICHTIGES WIRTSCHAFTSGUT

Die Trinkwasserversorgung hängt von der Qualität des Grundwassers ab. Man sieht es nicht, doch es fließt in großen Mengen unter unseren Füßen.

Regnet es, fließt Wasser über verschiedene Böden ab. Manche, wie zum Beispiel asphaltierte Straßen, können kein Wasser aufnehmen. Die Wiesen daneben aber schon. Ein Teil wird in den oberen Schichten gespeichert. Pflanzen nutzen es. Kommt die Sonne wieder heraus, verdunstet es, steigt auf und regnet irgendwann wieder aus einer Wolke heraus.

Ein anderer Teil des Wassers dringt in die Tiefe vor. Durch Ritzen und Spalten sickert es immer weiter, bis es auf eine wasserundurchlässige Gesteinsschicht stößt. In die Oberrheinebene fließt es unterirdisch von den Hängen der Vogesen und des Schwarzwalds hinab und sammelt sich dann. Denn wohin das Grundwasser fließt, bestimmt nur die Schwerkraft.

Das Wasser muss durch viele verschiedene Schichten hindurchlaufen, bevor es auf eine wasserundurchlässige Schicht stößt. Dabei wird es gefiltert und gereinigt. Diese »natürlichen Filter« funktionieren so gut, dass das Grundwasser sehr klar und sauber ist. An manchen Orten kann es so, wie es aus der Tiefe gepumpt wird, in die Trinkwasserleitungen eingespeist werden.

Sehen kann man Grundwasser dort, wo es als Quellwasser an die Oberfläche tritt und zunächst kleine Rinnsale bildet, die später zu Bächen und Flüssen werden. Im Sommer, wenn es weniger regnet, stammt das meiste Wasser in den Bächen und Flüssen aus dem Grundwasser. Auch viele Seen erhalten ihr Wasser aus Grundwasser-Reservoiren. Dort, wo es wenig regnet, sinkt der Wasserstand von Seen deutlich.

Betrachtet man das Fließen des Grundwassers großräumiger, dann fließt es immer in Richtung eines Meeres. Allerdings tritt es meist früher aus der Erde aus und speist einen Fluss, bevor es im Meer landet.

Werden auf den Böden, durch die das Wasser sickert, viele Dünger, Unkraut- oder Schädlingsvernichter aufgebracht, kann das Grundwasser verunreinigt werden. Deshalb gibt es Wasserschutzgebiete. Dort wird darauf geachtet, dass die Böden frei von allem bleiben, was dem Wasser schaden könnte.

Um sich von organischen Verunreinigungen zu befreien, also von allem, was bei der Zersetzung von Pflanzenmaterial entsteht, muss das Wasser mindestens 50 Tage durch den Boden sickern.

Das Grundwasser reinigt sich auf seinem Weg nicht nur, es löst auch Mineralstoffe, die für den menschlichen Körper wichtig sind, aus dem Gestein heraus, durch das es fließt. Auch Kohlensäure nimmt es auf. Diese Wässer werden in Flaschen abgefüllt als Mineral- oder Heilwasser verkauft.

Heilwässer sind laut Verordnung ein Fertigarzneimittel und müssen vom Bundesinstitut für Arzneimittel und Medizinprodukte zugelassen werden.

WIE KANN MAN DAS GRUNDWASSER SCHÜTZEN?

Auch wenn niemand darüber nachdenkt, wenn er den Wasserhahn aufdreht: Grundwasser ist ein Wirtschaftsgut und weltweit der Rohstoff, der am meisten genutzt wird.

Auf der ganzen Welt ist Süßwasser eine wichtige Voraussetzung für das Überleben von Pflanzen, Tieren und Menschen. Die größten Süßwasserreservoire liegen unter der Erde, das größte europäische in der Oberrheinebene. Wissenschaftler schätzen, dass von allen Wasserreserven, die es auf der Welt gibt, nur 2,5 Prozent Süßwasser sind.

Pro Tag verbraucht ein Mensch in Deutschland im Schnitt circa 130 Liter Wasser. Ganz schön viel! Toilettenspülung, Zähne putzen, Eier kochen, duschen, baden, Blumen gießen, trinken … da kommt einiges zusammen. Dafür, dass wir das Wasser aus dem Hahn weiter bedenkenlos trinken können, müssen wir es schützen.

Arzneimittel, Farben und Lacke dürfen keinesfalls über Toiletten oder Waschbecken entsorgt werden. Selbst die besten Kläranlagen können nicht alle Stoffe herausfiltern, die in diesen Dingen enthalten sind. Mit dem geklärten Abwasser gelangen die Stoffe ganz allmählich über den Wasserkreislauf wieder in das Grundwasser.

Autos sollten immer in einer Waschanlage gewaschen werden. Reinigt man sein Auto auf der Straße oder in der eigenen Einfahrt, gelangen alle Reinigungsmittel in die Kanalisation. Auch sie können von den Kläranlagen nicht ganz herausgefiltert werden.

In vielen privaten Gärten wird gedüngt und auch Schädlinge werden mit großen Mengen Pulver, Körnern oder Sprays bekämpft. Beim nächsten Regenguss werden alle diese Mittel mit dem Wasser heruntergespült und sickern in das Grundwasser ein.

Klosteine, die offiziell WC-Duftsteine heißen, sind teuer und belasten das Wasser, das durch die Spülung saust, zusätzlich. Also lieber lüften in der Toilette!

Bauern, die auf ökologischen Landbau umgestellt haben, achten auf einen intakten Wasserhaushalt. Wer Obst und Gemüse aus ökologischem Landbau kauft, schützt damit auch das Grundwasser.

Für jeden Bereich im Haushalt gibt es einen Spezialreiniger: für Böden, Küchen, Toiletten, Badezimmer. Sie stehen in den Schränken herum und sind eigentlich gar nicht nötig. Ein guter Allzweckreiniger kann überall eingesetzt werden, reinigt ebenso gut und belastet das Wasser geringer. Gegen Kalk im Bad und in der Küche helfen Zitronensäure oder Essig ganz prima.

Wird es glatt im Winter, dann greift man gerne zu Streusalz. Auch das Salz wird mit dem Tauwetter in die Kanalisation gespült und gelangt in das süße Grundwasser. Besser ist es mit Sand oder kleinen Kieseln gegen die Glätte zu kämpfen.

DAMBULLA-HÖHLENTEMPEL

Mitten in Sri Lanka, in einem üppigen, grünen, tropischen Wald, liegt ein riesengroßer Felsen. Man reibt sich die Augen und kann sich kaum vorstellen, wie er dort hingekommen ist. Der Felsen besteht aus Granit und ist 160 Meter hoch.

Versteckt in diesem Felsen sind 80 Höhlentempel, fünf der Höhlen sind sehr groß. Unvorstellbar, dass seit ca. 100 v. Chr. diese Höhlen als buddhistische Tempel dienen. Seit über 2000 Jahren gehen Menschen dort ein und aus.

Der Buddhismus ist eine der großen Weltreligionen, ungefähr 360 Millionen Menschen glauben an die Lehre Buddhas, eines Wanderpredigers, der bereits vor Christi Geburt lebte. Buddhisten gehen davon aus, dass sie wiedergeboren werden. Je nachdem, wie man sich in seinem jetzigen Leben verhält – Buddha hat dafür Regeln vorgegeben –, kann man sein Schicksal im nächsten Leben verbessern.

In der ersten Höhle liegt ein 14 Meter langer Buddha, der von Steinmetzen komplett aus der Felsenwand herausgemeißelt wurde. Er schläft und hat wunderschöne Verzierungen aus echtem Blattgold.

Die Höhlen gab es schon, bevor Menschen begannen sie als Tempel zu nutzen. Im 3. Jahrhunder v. Chr. passierte etwas Mystisches: Als König Devanampiya Tissa zum Buddhismus übertrat, wuc genau in diesem Moment an dem Felsen mit den Höhlen ein Bambus aus der Erde. Das wurde als Verbundenheit dieses Platzes mit Übernatürlichem und der buddhistischen Religion gewertet.

Später, ungefähr 100 v. Chr., war König Valagama Bahu auf der Flucht vor Besatzern aus Südindien. 14 Jahre lebte er unentdeckt in den Höhlen, bevor er sein Königreich wieder übernehmen und aufbauen konnte. Er ließ aus den Höhlen Tempel erschaffen, in einer Zeit, in der viele Buddhisten begannen, Höhlen als spirituelle Orte für Meditation und Gebet aufzusuchen.

Überall an den Wänden sind Malereien, sie zeigen Szenen aus dem Leben Buddhas. Da kein Tageslicht in die Höhlen gelangt, sind die Farben leuchtend, obwohl sie schon so lange an den Wänden sind.

Die dritte Höhle ist etwas später entstanden: In ihr gibt es mehr als 50 stehende oder sitzende Buddhas. Ein meditierender Großer Buddha sitzt in der Mitte der sieben Meter hohen Höhle. Auch er wurde komplett aus dem Granit in der Höhle gehauen. Stellt man sich vor, wie lange das her ist, dann weiß man, wie großartig die handwerkliche Arbeit der Steinmetze war.

Weil die Kombination der uralten Statuen mit den Wandmalereien und der Ort so einzigartig sind, wurden diese Höhlen 1991 zum UNESCO-Weltkulturerbe ernannt. Natürlich müssen alle Besucher barfuß hineingehen, die Tempel werden als solche genutzt und sind nicht nur Sehenswürdigkeit.

KIRCHEN UNTER DER ERDE

Europas größte Felsenkirche wurde in Saint-Émilion in Frankreich in den Felsen gehauen. Entfernt wurden für diese Kirche 15 000 m³ Gestein, und das im Mittelalter ohne technisches Gerät.

Viele unterirdische Kirchen gibt es in Matera, einer süditalienischen Stadt, die zu großen Teilen auch aus Höhlenwohnungen besteht.

Matera ist eine der ältesten noch bewohnten Städte. Bis in die 1950er-Jahre dienten die Höhlen armen Menschen als Behausung, heute sind sie zu schönen Hotels und Ferienwohnungen umgebaut, werden also wieder bewohnt.

Dort wo die Gravina, ein süditalienischer Fluss, sich tief in das weiche Tuffgestein eingegraben hat, sind steile Abhänge entstanden. Seit Tausenden von Jahren wohnen Menschen in den Hängen. Zunächst in natürlichen Höhlen, die dann immer weiter ausgebaut wurden. Manch ein Bewohner hat sich einen Vorbau aus Ziegel geleistet.

Im 8. Jahrhundert wurde in Matera das erste Benediktinerinnen-Kloster überhaupt errichtet. Zu ihm gehörte natürlich auch eine Kirche. Da sich das Kloster entlang der Schlucht zieht, hat es mehrere Eingänge, die zu unterschiedlichen Bereichen führen. Ursprünglich hatte die Kirche drei kleine Schiffe. Heute ist nur eines davon übrig geblieben. In ihm wird am 13. Dezember immer eine Messe zu Ehren der heiligen Lucia abgehalten, der die Kirche geweiht ist.

Santa Maria de Idris ist sozusagen nur eine »halbe« Felsenkirche, sie besteht aus zwei ganz unterschiedlichen Teilen: Ein Teil wurde in den Felsen hineingeschlagen, der andere davor gebaut.

Die größte der Kirchen, San Pietro Barisano, entstand zwischen dem 12. und 13. Jahrhundert. Im Untergeschoss dieser Kirche gibt es einen Raum mit Nischen. Dort hinein wurden Priester und Priesteranwärter nach ihrem Tod gelegt. Sie lagen dort in ihrem Ornat. Ornat ist das feierliche Gewand, das Priester während des Gottesdienstes tragen. Man ließ sie liegen, buchstäblich, bis die Körper zu Staub verfallen waren. Die Knochenreste wurden dann entfernt.

ZWISCHEN DEN WURZELN

Zwischen Baumwurzeln graben zwei Tiefbauspezialisten: Fuchs und Dachs. Manchmal bewohnen sie auch den gleichen Bau, sozusagen als Wohngemeinschaft. Allerdings nur, wenn keine Jungen aufgezogen werden, dann sind sie nämlich entspannter. Der schlaue Fuchs nutzt die Gänge, die der Dachs gegraben hat. Er schaufelt sich nur eine eigene Wohnhöhle.

Dachsbaue können ganz unterschiedlich aussehen: Es gibt welche, die aus einer einzigen Röhre bestehen. Andere sind weit verzweigt und können sich über große Flächen erstrecken. Dann nennt man sie auch Dachsburgen.

Bis zu 25 Meter lange Gänge graben die Tiere in das Erdreich.

Eine Dachsburg kann, je nach Größe, sehr viele Ausgänge haben.

Die Wohnhöhlen zwischen den Gängen heißen Dachskessel. Meist werden sie mit Laub ausgepolstert.

Dachse sind ausgesprochen reinlich, sie graben außerhalb ihrer Burg eine Latrine. Das ist eine flache Grube, die sie immer wieder benutzen, um ihren Kot abzulegen oder Urin abzulassen.

Die Dachsburg ist eine Familienangelegenheit. Dachse bewohnen ihre Burgen über Generationen hinweg. Manche Baue werden seit mehr als 100 Jahren benutzt und immer weiter ausgebaut.

Die Füchse sind das genaue Gegenteil, sie sind eigenwillige Schlamper! Überall lassen sie ihren Kot liegen, und sie gehen auch nicht hinaus, wenn sie einmal pinkeln müssen. Deshalb kann man Fuchsbaue häufig schon riechen, bevor man sie entdeckt.
BOA, FUCHS, DU BIST SO EKLIG!
PFRT!
HIHIHI, MIR DOCH EGAL!
Ein Fuchsbau besteht immer aus einer Wohnhöhle und einer Wurfhöhle. In der Wurfhöhle werden die Jungen »geworfen«, also geboren.
Die Jungen werden im Bau zur Welt gebracht und …
… verlassen ihn nach vier Wochen das erste Mal.
Füchse nutzen ihren Bau, um tagsüber zu ruhen. Wenn Fuchs und Füchsin sich paaren, ziehen sie sich dorthin zurück.
Sind dem Fuchs Wurzeln im Weg beim Bau seiner Schlafhöhle, dann beißt er sie einfach mit seinen scharfen, spitzen Zähnen durch.

Der Dachs gehört zur Familie der Marder. Er ist das größte Familienmitglied. 90 Zentimeter wird er lang und kann bis zu 20 Kilogramm wiegen.

Mit seiner schwarz-weißen Zeichnung im Gesicht erinnert er ein bisschen an einen Bankräuber.

Dachse sind sozial und leben in Familien zusammen. Dazu gehören immer die beiden Elterntiere, die Jungen des aktuellen Jahres und die Jungtiere aus dem Jahr davor. Während des zweiten Lebensjahrs verlassen junge Marder ihre Eltern und gründen eine eigene Familie.

Die Vorderpfoten sind die Grabpfoten des Dachses. Lange, kräftige, nach unten gebogene Krallen arbeiten sich wie die Schaufel eines Baggers in das Erdreich hinein.

Den Tag verschläft er in seinem Bau. Sobald es dämmert, ...

... wird er wach und geht auf Nahrungssuche.

Seine Nahrung findet der Dachs am Boden. Ganz unterschiedlich fällt sie aus, je nachdem, wo er lebt. Im Wald sind es Käfer, Larven und Würmer. Der Marder liebt auch Fallobst, das gibt es auf Streuobstwiesen. Maiskolben sind ebenfalls eine Leibspeise. Entdeckt er auf seinen Streifzügen Nester von Vögeln, die am Boden brüten, oder von Mäusen, räubert er sie leer.

Füchse sind sehr schlaue Tiere. Das hat sich auch in unserer Sprache niedergeschlagen. Über einen schlauen Menschen sagt man, er sei ausgefuchst.

Der Fuchs ist besonders anpassungsfähig, gerne mag er es ruhig im Wald.

Wenn der Lebensraum knapp ist, dann zieht er eben in die Stadt und sucht sich dort ruhige Ecken.

Stadtfüchse müssen andere Gefahren im Auge haben als Waldfüchse, zum Beispiel den Straßenverkehr. In Berlin hat man beobachtet, dass die Füchse von Generation zu Generation damit immer besser zurechtkommen. Die Elterntiere bringen sogar den Jungtieren bei, nach rechts und links zu gucken, bevor sie die Straße überqueren.

ERDÖL

WIE KOMMT ES IN DIE ERDE?

Vor 65 bis 200 Millionen Jahren gab es schon Pflanzen und Tiere auf der Erde. Und aus ihnen besteht Erdöl.

Sterben winzig kleine Tiere oder Pflanzen in Meeren, Seen oder anderen Gewässern, dann sinken sie zu Boden.

In den untersten Schichten eines Gewässers gibt es meist wenig Sauerstoff. Die Lebewesen zersetzen sich nicht. Über Tausende von Jahren sammeln sich immer mehr von ihnen am Grund. Allmählich bildet sich ein Faulschlamm.

Über diesem Schlamm aus toten Organismen lagern sich verschieden große Steine und Sand ab. Zusammen bilden sie das Erdölmuttergestein, also das Material, aus dem sich über Jahrmillionen Erdöl bilden wird.

Tausende von Jahren vergehen: Über dem Muttergestein entstehen immer mehr Schichten, die mit ihrem Gewicht das Erdölmuttergestein immer weiter in die Tiefe pressen. Es sackt ab auf 1500 bis 4000 Meter. Dadurch nehmen der Druck und die Hitze im Gestein deutlich zu. Pro 100 Meter steigt die Temperatur um ungefähr 3 Grad.

Bei Temperaturen zwischen 80 und 150 Grad brechen die Moleküle, die das Erdölmuttergestein zusammenhalten, immer weiter auf, bis aus dem festen Gestein zähflüssiges Erdöl geworden ist.

Mit Druck kann man aus einer Zitrone Saft herauspressen. Der Druck in 1500 bis 4000 Metern Tiefe ist so hoch, dass aus dem Gestein das Erdöl herausgepresst wird. Es wandert durch durchlässige Gesteinsschichten immer weiter nach oben, bis es an eine undurchlässige Schicht stößt. Erdöl ist leichter als Wasser.
Diese undurchlässigen Schichten können Ton oder Salz sein. In dem durchlässigen, porösen Gestein darunter sammeln sich immer mehr Tröpfchen des zähflüssigen Erdöls. Das Gestein saugt sich voll wie ein Schwamm.
Es gibt Stellen auf der Erde, wo das Erdöl nicht durch eine undurchlässige Schicht aufgehalten wird. Dann sickert es aus dem Boden heraus und bildet einen See. Die Bestandteile des Öls, die leicht verdunsten können, tun das, übrig bleibt eine zähe Masse: Asphalt. Der größte Asphaltsee der Erde ist der Pitch Lake auf der Karibikinsel Trinidad.

WIE KOMMT DAS ERDÖL AUS DER ERDE?

Unterirdische Lagerstätten zu finden, ist gar nicht einfach. Wissenschaftler aus ganz unterschiedlichen Bereichen arbeiten zusammen, damit die sehr teuren Bohrungen nach Erdöl nicht jedes Mal erfolglos verlaufen.

Geologen beschäftigen sich damit, wie unsere Erde vor Jahrmillionen aussah und wie es zu dem heutigen Aufbau kam. Dafür untersuchen sie Gesteinsschichten. Sie können aus den Steinen herauslesen, wie alt sie sind. Sie wissen auch, wie das Gestein zusammengesetzt sein muss, damit es einen Hinweis auf Erdölreserven gibt. Deshalb sind Geologen bei der Suche immer mit dabei.

Paläontologen kennen sich mit ausgestorbenen Pflanzen und Tieren aus. Sie untersuchen eine mögliche Bohrstelle nach Versteinerungen und können anhand ihrer Funde bestimmen, ob das Gestein wirklich alt genug ist, um Erdöl zu enthalten.

Auch Sprengmeister werden in die Suche mit eingebunden: Druckwellen bei Sprengungen sagen viel darüber, wie sich Gestein zusammensetzt und ob eventuell Erdöllagerstätten unter der Erde verborgen sind.

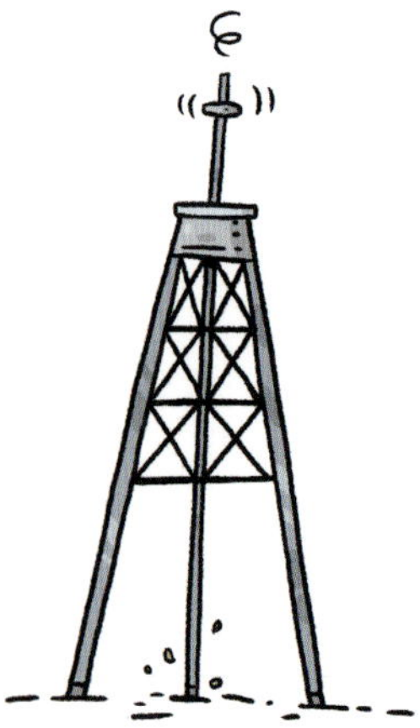

Sind sich alle einig, dass die Wahrscheinlichkeit hoch ist, dann wird mit der Probebohrung begonnen. Dazu muss ein Bohrturm errichtet werden, der den Bohrer bis 8500 Meter in die Tiefe treibt. Der Bohrer besteht nicht aus einem einzigen Stück. Immer wieder werden Stücke von ungefähr neun Meter Länge aufgeschraubt und es wird weitergebohrt.

Von einem Bohrturm aus können mehrere Bohrungen vorangetrieben werden.

Erdöl wird auch das schwarze Gold genannt, weil es so wertvoll wie Gold ist. In Erdöl steckt sehr viel Energie, die man sich zunutze machen kann. Weiterverarbeitet zu Brennstoffen, lässt Erdöl als Kerosin Flugzeuge fliegen, als Diesel oder Benzin lässt es Busse, Lastwagen und Autos fahren, als Heizöl wärmt es unsere Häuser.

Erdöl steckt auch noch in vielen anderen Produkten, weil es für alle Arten von Kunststoffen ein wichtiges Material ist: Ohne Erdöl gäbe es keine Autoreifen, Folien, Haushaltsgeräte, Kosmetika, Farben, Lacke und vieles mehr.

Gerade in Ländern mit großer industrieller Produktion wird viel Erdöl verbraucht. Doch die Erdölvorkommen auf der Erde sind nicht unendlich. Erschließt man alle Erdölvorkommen, die man bis heute kennt, dann reicht es noch ca. 153 Jahre. Aber nur dann, wenn der Verbrauch in den nächsten Jahrzehnten nicht noch einmal ansteigt.

Die größte Erdöllagerstätte Deutschlands liegt unter dem Wattenmeer, vor der Küste Schleswig-Holsteins. 90 Milliarden Liter sind es ungefähr. Sie werden von der Bohrinsel Mittelplate aus gefördert.

Erdöl ist also, im Unterschied zur Sonnen- oder Windenergie, eine nicht erneuerbare Energieform. Sie verbraucht sich allmählich.

FÜR IMMER HÖHLE

Es gibt Tiere, die immer in Höhlen hausen wollen. Sie verlassen ihre Höhle nur, wenn sie dazu gezwungen werden. Solche Tiere nennt man »troglobiont«. Das Wort setzt sich aus den griechischen Wörtern für »Höhle« und »leben« zusammen.

Die Europäische Höhlenkreuzspinne fühlt sich in Karstgebieten wohl. Dort gibt es immer viele Höhlen und darin lebt sie auch am liebsten. Je nach Jahreszeit, bevorzugt die Spinne unterschiedliche ...

... Plätze in der Höhle. Im Sommer spinnt sie ihr Netz nahe am Höhleneingang. Da gibt es mehr Mücken, Fliegen oder Asseln als tief drinnen in der Höhle. Im Winter lebt sie dann tiefer in der Höhle, dort ist die Temperatur ausgeglichener als nahe am Eingang.

Ob der Mexikanische Höhlensalmler eine eigene Art ist oder nur die blinde Variante eines anderen Salmlers, da sind sich die Wissenschaftler noch nicht ganz sicher. Der Fisch hat keine Augen, obwohl sie bei dem Tier als Embryo angelegt werden. In seiner weiteren Entwicklung zerstören sich die Sehzellen immer wieder selbst. Das Auge ist zum Schluss so verkümmert, dass es von einer Hautschicht überwachsen wird.

Der Höhlensalmler hat leicht silbrige Schuppen, ist aber ansonsten farblos. Die Flossen und seine Haut wirken beinahe durchsichtig. Für die Jagd in der Dunkelheit sind diese Fische perfekt ausgestattet: Sie haben mehr Zähne als gewöhnliche Salmler und sie haben einen wesentlich besseren Geschmackssinn als ihre sehenden Verwandten. So unterläuft ihnen bei der Suche nach Nahrung kein Fehler, sie wissen genau, worauf sie herumkauen.

Der Höhlensalmler ist ein Tier, das keine innere Uhr hat. Die innere Uhr sagt uns, wann der Tag beginnt und unsere Zellen arbeiten müssen, und umgekehrt, wann es Zeit wird, sich abends auszuruhen. Die innere Uhr kostet jedes Lebewesen aber Energie. Diese Energie spart sich der Salmler, was klug ist: In der absoluten Dunkelheit der Höhle ist Futter knapp. Das Abschalten seiner inneren Uhr sichert dem Salmler also das Überleben.

Früher wurden hin und wieder bei starken Regenfällen Tiere aus den Karsthöhlen in Slowenien gespült, die für Drachenbabys gehalten wurden. Heute weiß man: Es sind Grottenolme. Sie sehen wirklich besonders aus, als Erstes fallen einem beim Betrachten die außen liegenden Kiemenbüschel auf.

Wie ein heller Wurm mit winzigen Füßchen wirkt das bis zu 30 Zentimeter lange Tier. Weil in der Höhle nie die Sonne scheint und das Tier sich auch nicht tarnen muss, hat seine Haut keine Pigmente. Man kann durch die Haut zum Teil die inneren Organe des Olms sehen.

Der Grottenolm gehört zu den Amphibien. Alle Amphibien haben im Larvenstadium außen liegende Kiemenbüschel, beim Grottenolm bilden sie sich auch im Erwachsenenalter nicht zurück. Man könnte sagen, der Olm bleibt ewig jung, ist aber trotzdem fortpflanzungsfähig. Grottenolme werden bis zu 100 Jahre alt. Wissenschaftler können trotzdem an den Körpern der Tiere keinerlei Anzeichen von Alterung erkennen.

Das Totenreich beziehungsweise die Unterwelt bezeichneten die alten Griechen als »Hades«. Nach diesem Hades ist ein Hundertfüßer benannt, der weit unter der Erde wohnt: *Geophilus hadesi* heißt das Tier, das in 1100 Metern Tiefe 2015 entdeckt wurde. Damit gehört der Räuber zu den am tiefsten lebenden Landlebewesen.

So tief unter der Erde braucht man keine Augen, es ist sowieso stockfinster. Dafür hat der Tausendfüßer extralange Fühler, die ihm helfen, nicht gegen Hindernisse zu laufen. Er hat starke Klauen, damit kann er sich an den Steinen in der Höhle gut festhalten. Sein Kiefer ist so kräftig, dass seine Beute kaum eine Chance hat zu entkommen.

WARUM IST DIE HÖHLE DAS ZUHAUSE?

Höhlen sind feucht und kalt, es gibt wenig Nahrung – warum bevorzugen manche Tiere trotzdem diesen Ort und wollen ihn gar nicht verlassen?

In einer Höhle gibt es verschiedene Zonen:

Direkt am Eingang fällt noch viel Licht in die Höhle, Temperatur und Luftfeuchtigkeit ändern sich …

… immer im Zusammenspiel mit dem, was draußen passiert. Von dort kommt man in eine Dämmerungszone und in der …

… eigentlichen Höhle herrscht dann totale Finsternis. Das Klima dort ändert sich kaum.

Nahrung, also Pflanzen und Moose, wachsen nur am Höhleneingang, in der Dämmerungszone hin und wieder einmal Pilze. Was gibt es dann zu fressen? Wasser, das durch die meisten Höhlen fließt spült kleine Schnecken oder Asseln hinein. Auch Pflanzenreste können so in die Höhle gelangen.

Wichtig als Nährstoffbringer sind die Tiere, die troglophil sind, also Höhlen mögen, aber nicht immer darin wohnen. Fledermäuse gehören dazu. Wenn eine Fledermaus auf den Boden kackt, dann wird ihr Kot von Bakterien zersetzt und zu einer guten Nahrung für die Höhlenbewohner.

Die Höhlenbewohner sind es gewohnt, mit wenig auszukommen. Die meisten von ihnen sind Allesfresser und nicht auf eine bestimmte Nahrung angewiesen. Das hilft sehr bei so einem knappen Angebot.

Wer einen langsamen Stoffwechsel hat, braucht nicht so viel zu essen. Grottenolme können bis zu drei Jahre ohne Nahrung auskommen. Die Tiere bewegen sich in dieser Zeit kaum und warten regungslos darauf, dass das Nahrungsangebot besser wird.

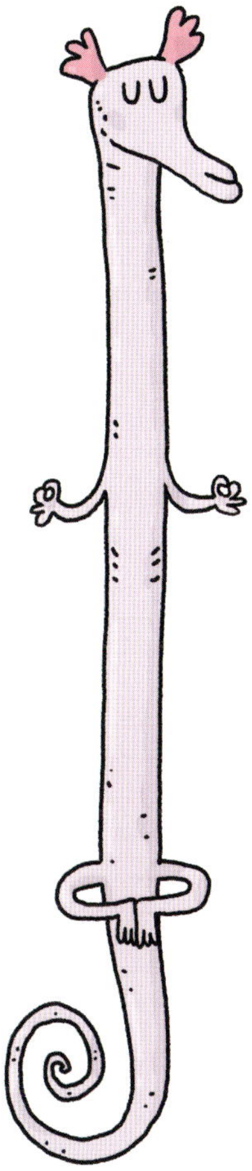

Wenn man sich so wenig bewegt, dann kann man sich natürlich auch nicht fortpflanzen. Das macht nichts, denn die Tiere sind nicht auf eine bestimmte Jahreszeit angewiesen, um sich zu paaren. Das Klima bleibt gleich, also können sie sich immer dann paaren, wenn es gerade passt.

Der größte Vorteil eines Lebens in der Höhle: Es gibt kaum Fressfeinde. Deshalb leben in den Höhlen viele Tiere, die an der Oberfläche dem Konkurrenzdruck um Nahrung und Platz nicht standhalten könnten.

VULKANE

IN DER MAGMAKAMMER BRODELT ES.

Unter einem aktiven Vulkan befinden sich immer eine oder mehrere Magmakammern. Diese Kammern können in ganz unterschiedlichen Tiefen liegen und ganz verschiedene Formen annehmen.

Das Magma, das sich in der Kammer sammelt, entsteht im Erdmantel. Die Erdkruste, auf der wir herumspazieren, Häuser und Straßen bauen, liegt direkt darüber und ist nur zwischen 10 und ca. 30 Kilometer dick. Der Erdmantel hat eine Stärke von ca. 3000 Kilometern.

Je tiefer man unter die Erdoberfläche kommt, desto mehr nehmen Druck und Temperatur zu. Beides führt dazu, dass das Gestein in dieser Tiefe immer verformbarer und flüssiger wird.

Die Kammer kann mehrere Kilometer unter dem Vulkan liegen und ist mit ihm über einen Schlot verbunden.

Die Erde ist keine glatte Kugel, sie gleicht eher einem alten Lederball, der aus einzelnen Stücken zusammengeflickt ist. Dort, wo geflickt wurde, können die Kanten brechen und sich übereinanderschieben. So ähnlich funktioniert das auch mit den tektonischen Platten der Erde.

Auch Gase bilden sich in der Magmakammer.

An manchen Stellen wird hartes Gestein der Erdkruste, das auf einer Platte liegt, unter eine andere geschoben. Es verflüssigt sich, steigt alleine oder zusammen mit Wasser wieder auf und sammelt sich in einer Magmakammer.

Magma schießt durch den Schlot nach oben, der Vulkan bricht aus. Je nachdem, wie hoch der Druck war, können Gestein und Asche kilometerweit in die Luft geschleudert werden.
Sobald das Magma an die Erdoberfläche gelangt ist, heißt es anders: Lava.
Je nach Zusammensetzung des geschmolzenen Gesteins kann die Lava dünnflüssiger oder zähflüssig sein. Für die Temperatur ist die Zusammensetzung auch verantwortlich. Sie kann beim Austreten an die Oberfläche zwischen 800 und 1200 Grad liegen.
Vulkane mit nur einem Hauptschlot für das Magma nennt man Zentralvulkane. Der Ätna auf Sizilien ist so einer.
e mehr flüssiges Gestein in die Kammer fließt und je mehr Gase entstehen, desto höher wird der Druck darin. Das geht eine Zeit lang gut, und dann ist der Druck so hoch, dass der Gesteinsdeckel, der die Kammer vom Schlot trennt, weggesprengt wird.
Das Magma kann aber auch an den Flanken eines Vulkans austreten, also an seinen Seiten. Es fließt aus der Kammer über diverse Schlote an die Oberfläche und tritt dort aus Spalten aus.

AKTIVE VULKANE IN EUROPA

Ein Vulkan wird als aktiver Vulkan bezeichnet, wenn er irgendwann in den letzten 10 000 Jahren einmal ausgebrochen ist. Er ist also nicht nur dann aktiv, wenn er andauernd Lava ausspuckt und vor sich hin raucht.

In Nord- und Südeuropa gibt es noch aktive Vulkane, aber auch in der deutschen Eifel.

Der Ätna in Süditalien auf der Insel Sizilien ist ein sehr beeindruckender Vulkan. Er ist 3352 Meter hoch.

Nicht jeder Vulkan erhebt sich als Berg. Die Phlegräischen Felder, in der Nähe von Neapel, sind auf den ersten Blick ganz unauffällig, werden aber von manchen Experten als europäischer Supervulkan bezeichnet.

Eigentlich handelt es sich bei diesen Feldern um einen Vulkan, dessen Magmakammer sich vor Tausenden von Jahren explosionsartig entleerte. Danach brach der Berg in die Kammer ein.

Seit 39 000 Jahren gibt es an diesem Ort vulkanische Aktivität. An manchen Stellen spürt man das ganz deutlich: Schlamm brodelt, und überall riecht es nach den 200 Grad heißen Schwefeldämpfen, die aus der Erde steigen.

Der Boden an den Phlegräischen Feldern hebt und senkt sich seit Jahrtausenden immer wieder. Im Moment hebt er sich langsam, pro Monat im Schnitt 0,7 Zentimeter. Experten meinen, das könnte aufsteigendes Magma verursachen.

Überall dort, wo es Vulkane gibt, strömen Gase an die Erdoberfläche. Meist zischt und blubbert es dort. Manchmal kommt das Gas aber still und geruchlos daher … das ist gefährlich!

Im Kloster Maria Laach gab es 17 mysteriöse Todesfälle zwischen 1864 und 1888. Alle Mönche starben im Schlaf, wahrscheinlich an einer Kohlendioxid-Vergiftung. Maria Laach liegt in der Vulkaneifel. Vor ca. 13 000 Jahren war genau an der Stelle ein Vulkan aktiv, wo heute das Kloster steht. Er hat eine der größten Vulkankatastrophen innerhalb Europas ausgelöst. Heute »schläft« er oder erkaltet langsam, das weiß man nicht so genau. Die Gase aus dem Untergrund treten immer noch aus, können sich in Räumen sammeln und führen, wenn nicht gelüftet wird, zum Tod.

Island hat in Europa die meisten Vulkane: 130 sind es. Ungefähr 30 von ihnen gelten noch als aktiv. Etwa alle zehn Jahre bricht dort ein Vulkan aus.

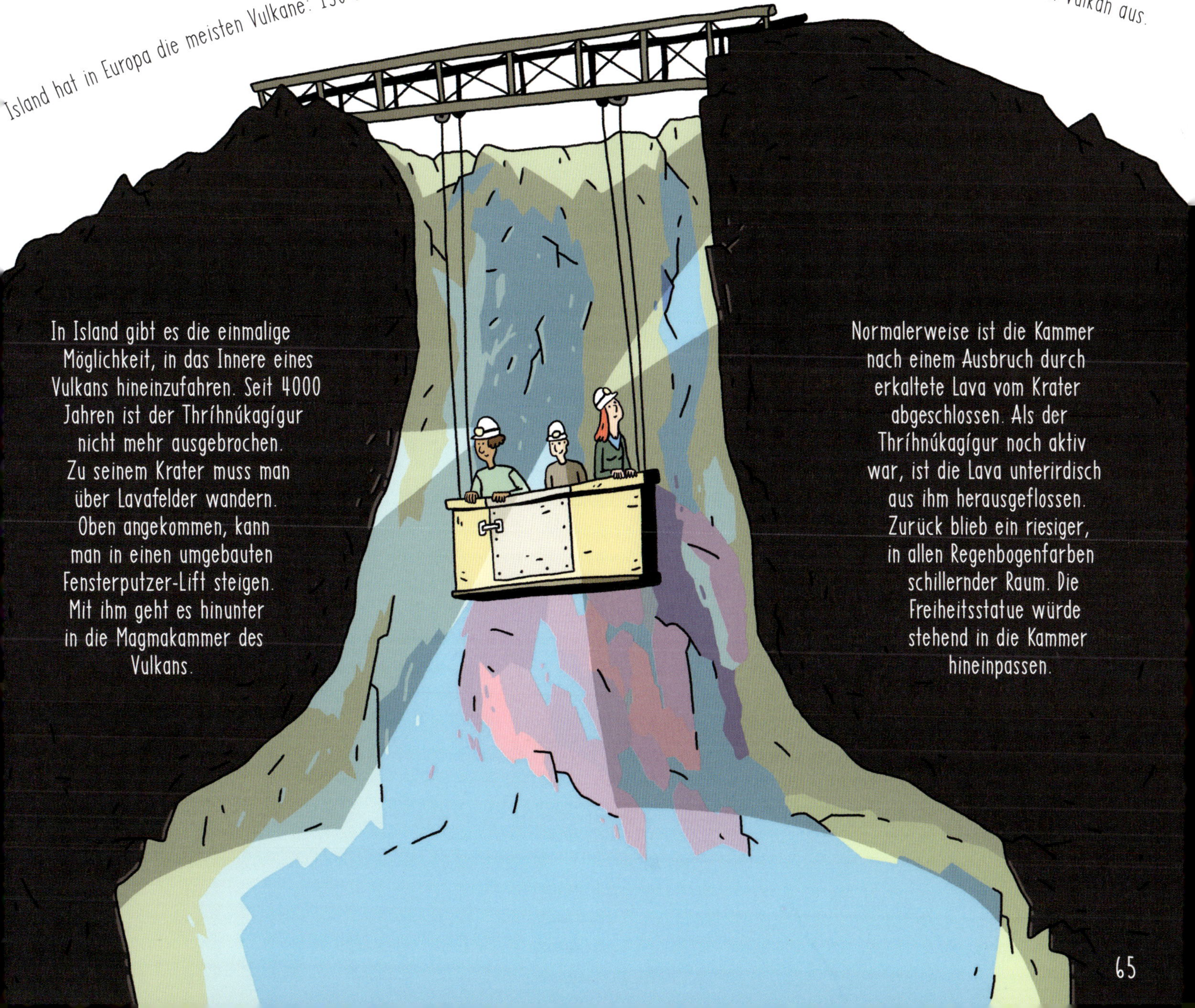

In Island gibt es die einmalige Möglichkeit, in das Innere eines Vulkans hineinzufahren. Seit 4000 Jahren ist der Thríhnúkagígur nicht mehr ausgebrochen. Zu seinem Krater muss man über Lavafelder wandern. Oben angekommen, kann man in einen umgebauten Fensterputzer-Lift steigen. Mit ihm geht es hinunter in die Magmakammer des Vulkans.

Normalerweise ist die Kammer nach einem Ausbruch durch erkaltete Lava vom Krater abgeschlossen. Als der Thríhnúkagígur noch aktiv war, ist die Lava unterirdisch aus ihm herausgeflossen. Zurück blieb ein riesiger, in allen Regenbogenfarben schillernder Raum. Die Freiheitsstatue würde stehend in die Kammer hineinpassen.

WOHIN MIT DEN GANZEN FÄKALIEN?

Mitte des 19. Jahrhunderts war London die größte Stadt Europas mit über 2 ½ Millionen Einwohnern. Abfälle und Fäkalien von Tieren und Menschen landeten zu dieser Zeit in einfachen Kanälen, die in der Themse endeten. Das ist der Fluss, der mitten durch London fließt. Regnete es länger, wurde all der Schmutz und Dreck zurück in die Straßen gespült.

1850 kamen bei reichen Familien Toiletten mit Wasserspülung in Mode. Das war für sie eine große Errungenschaft, weil kein Eimer mit stinkendem Inhalt mehr herumstand. Doch wohin gelangten die Exkremente? Ebenfalls in die Themse.

Die Themse war also sehr schmutzig, diente aber gleichzeitig als Frisch- und Trinkwasserreservoir.

»The Great Stink«, der große Gestank, das war der Sommer 1858. In diesem Jahr wurde es besonders warm, und all das, was in den Straßen herumlag, begann bestialisch zu stinken. Die Menschen bekamen kaum Luft, während sie durch die Straßen stolperten. Krankheiten wie Typhus, Ruhr und Cholera verbreiteten sich rasend schnell.

Im Jahr des »Great Stink« wurde im Parlament abgestimmt, und über alle Parteien hinweg war man sich einig: Gegen den Gestank muss etwas unternommen werden. Es braucht eine gute Kanalisation.

Gebaut wurden die Kanäle aus über 318 Millionen Backsteinen und Portlandzement. Auf diesem neuen Zement hat Joseph Bazalgette bestanden. Er ist besonders haltbar und hält Wasser gut stand. Der Zement ist ein wichtiger Faktor dafür, dass das Abwassersystem bis heute funktioniert.

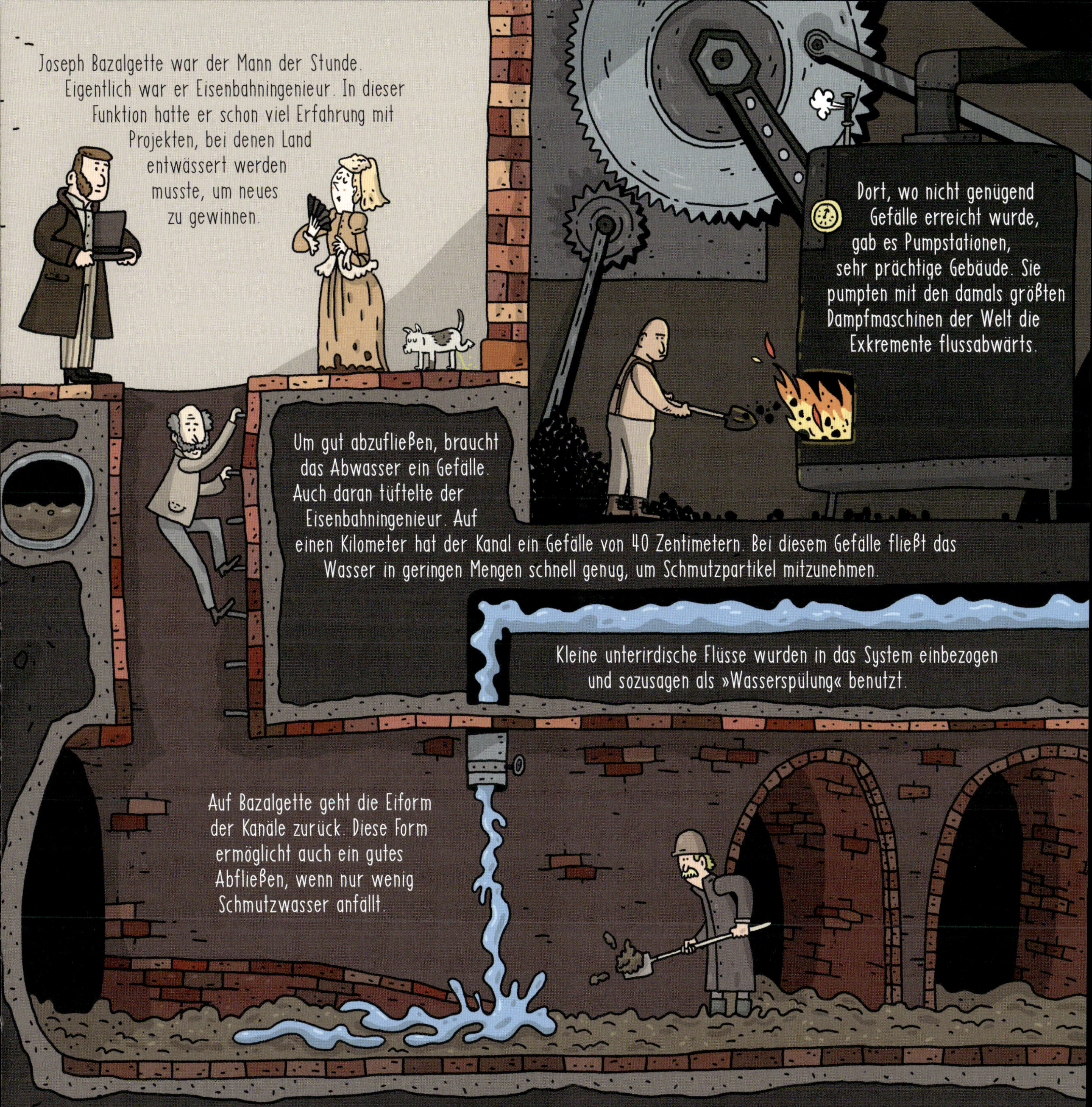

Die Planung des Abwassersystems war vorausschauend. Es war ausgelegt für 4 ½ Millionen Stadtbewohner, also für eine Stadt, die um die Hälfte anwächst.

Bazalgette hat lange überlegt, wohin das verschmutzte Wasser fließen sollte. Es gab damals noch keine Kläranlagen. Er hat das Abwasser so weit entfernt von London in die Themse geleitet, dass es weder bei Hochwasser noch durch die Gezeiten in die Stadt zurückschwappte. Am Ende verschwanden alle Abfälle im Meer.

Die großen Sammelkanäle führen direkt nördlich und südlich des Themseufers entlang. Die Dämme, in denen die Kanäle verschwanden, waren so großzügig angelegt, dass man daneben einen unterirdischen Bahntunnel bauen konnte.

Beinahe 22 000 Kilometer Kanal ließ Bazalgette bauen und verbannte damit den ganzen Schmutz in die Unterwelt. Nach der Einweihung des Systems brachen in den kanalisierten Stadtteilen Londons keine großen Seuchen mehr aus.

WAS TUN GEGEN DIE VERSTOPFUNG?

London hat rund neun Millionen Einwohner und ist damit mehr als doppelt so groß wie Berlin. So viele Einwohner hinterlassen sehr viel Abwasser. Das Abwassersystem der englischen Hauptstadt ist über hundert Jahre alt. Es funktioniert immer noch! Allerdings kommt es immer wieder zu Problemen.

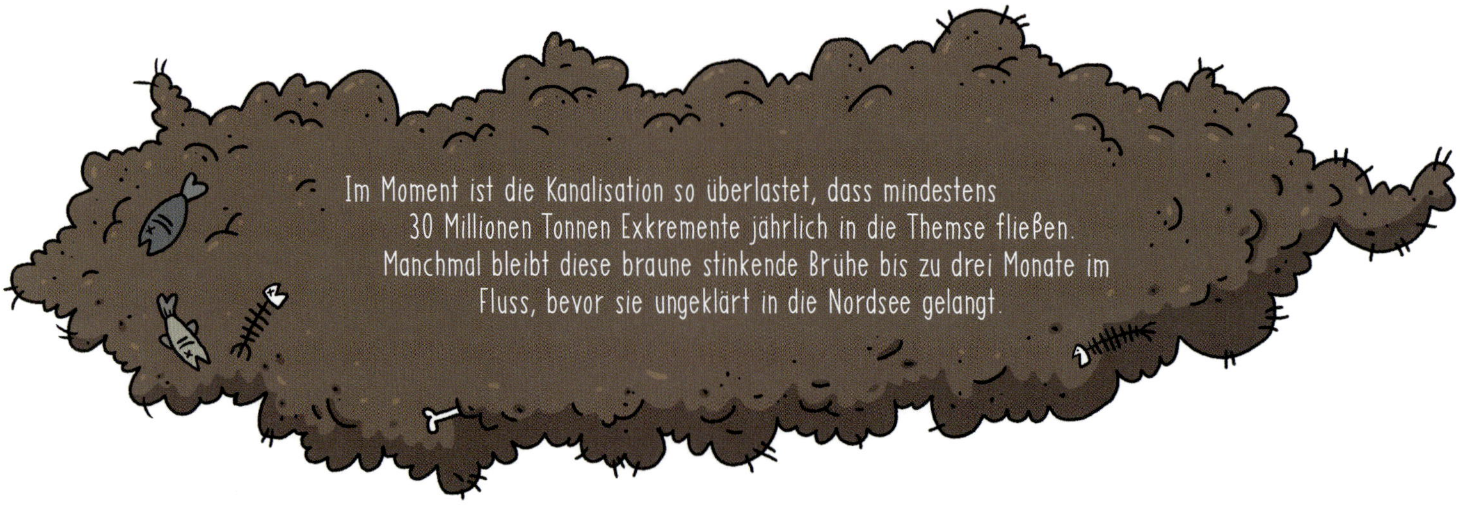

Um das alte Abwassersystem zu entlasten, soll für 4,8 Milliarden Euro ein 32 Kilometer langer Tunnel gebaut werden, der Abwasser aufnimmt. Das wäre der tiefste und längste Tunnel der Britischen Inseln. Geplant ist, dass er 2023 fertig ist.

DIE KLÄRGRUBE

Knapp über 140 Jahre gibt es jetzt Kläranlagen, zuvor wurde das verschmutzte Wasser aus den Städten einfach wieder in Flüsse oder Meere eingeleitet. Etwa 130 Liter Wasser verbraucht ein Mensch in Deutschland am Tag. 3,2 Billionen Liter Wasser werden im Jahr aus Grundwasser gewonnen. Schmutziges Wasser fällt in privaten Haushalten an und in der Industrie. Abfließendes Regenwasser ist auch stark verschmutzt, zum Beispiel durch Straßendreck und Reifenabrieb.

In Mischwasserkanälen fließt das verunreinigte Wasser in Kläranlagen.

Dort wird das Wasser mit riesigen Rechen mechanisch gereinigt. Die Rechen funktionieren ähnlich wie ein Sieb. Sie fischen feste, große Teile aus dem Wasser. Das können Windeln, Tampons, Toilettenpapier, Haarknäuel und noch viel mehr sein, was man absichtlich oder versehentlich hinunterspült.

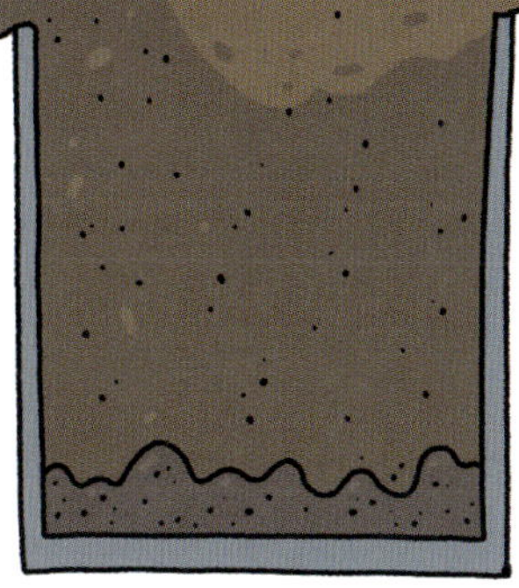

Sand, Erde oder Kies werden vom Regenwasser in größeren Mengen in die Kläranlage hineingeschleppt. Sie können sich in einem Extrabecken am Boden absetzen, weil sie ja schwerer sind als Wasser und absinken.

Nun ist schon ganz schön viel aus dem Wasser herausgefiltert. Jetzt fließt es in ein Vorklärbecken, in dem sich auch leichtere Teilchen absetzen können.

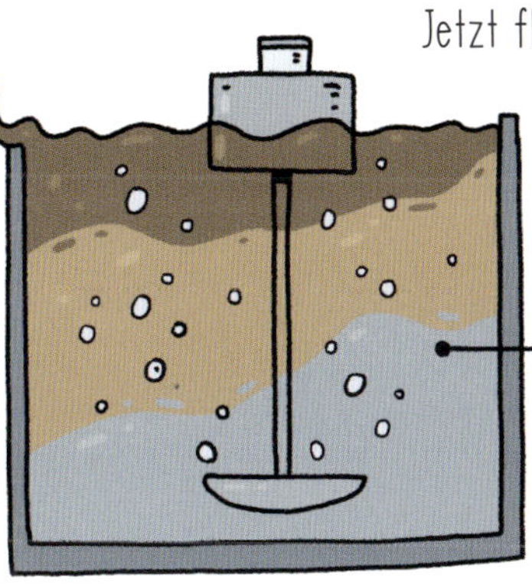

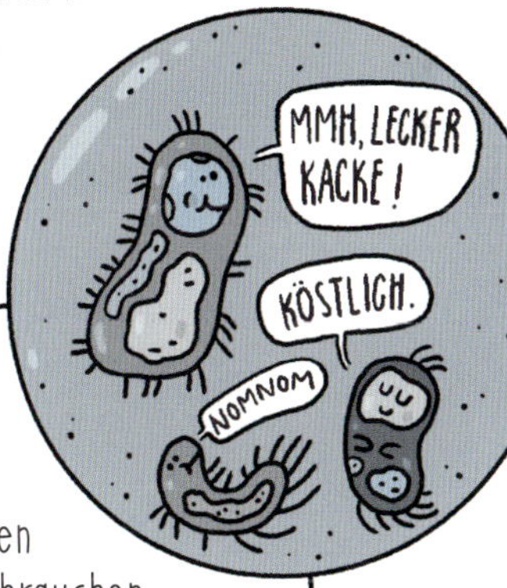

Im nächsten Becken kommen viele kleine Helfer ins Spiel: Mikroorganismen fressen beinahe alles aus dem Wasser heraus, was zu klein ist, um es mechanisch abzutrennen. Öl, Fäkalien, also das, was von unseren Ausscheidungen übrig ist, Dünger – die winzigen Wesen haben großen Hunger. Für ihre Arbeit brauchen sie viel Sauerstoff. Er wird ständig in das sogenannte Belebungsbecken gepumpt.

Sind die Organismen richtig satt und voll, dann sinken sie zu Boden und setzen sich im Nachklärbecken als Klärschlamm ab. Dieser Schlamm produziert, wenn er zu faulen beginnt, Gase. Sie werden genutzt, um Strom und Wärme zu erzeugen.

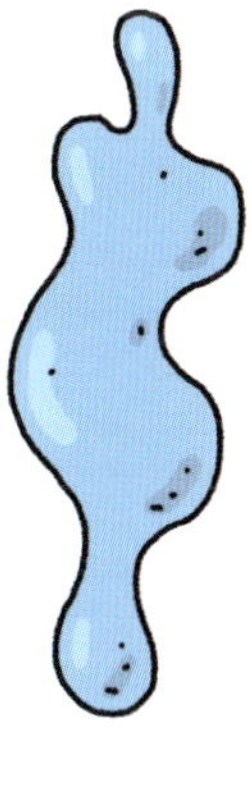

Das Wasser ist jetzt so sauber, dass es in Flüsse, Seen und oder ins Meer geleitet werden kann. Es enthält aber immer noch Rückstände von Medikamenten. Deshalb sollte man sie nie in der Toilette oder im Waschbecken entsorgen. Auch Keime sind noch im Wasser.

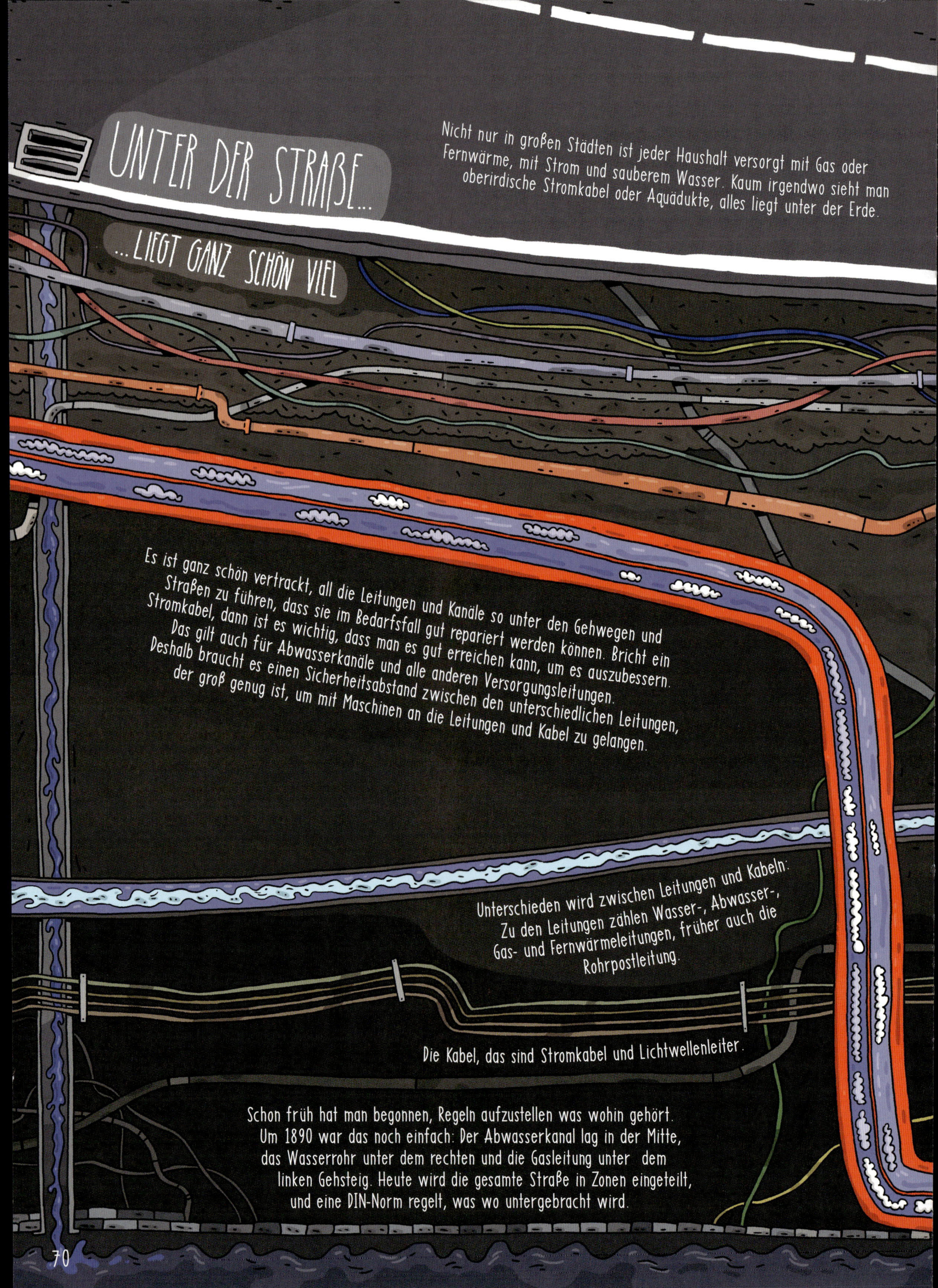

UNTER DER STRAßE…

…LIEGT GANZ SCHÖN VIEL

Nicht nur in großen Städten ist jeder Haushalt versorgt mit Gas oder Fernwärme, mit Strom und sauberem Wasser. Kaum irgendwo sieht man oberirdische Stromkabel oder Aquädukte, alles liegt unter der Erde.

Es ist ganz schön vertrackt, all die Leitungen und Kanäle so unter den Gehwegen und Straßen zu führen, dass sie im Bedarfsfall gut repariert werden können. Bricht ein Stromkabel, dann ist es wichtig, dass man es gut erreichen kann, um es auszubessern. Das gilt auch für Abwasserkanäle und alle anderen Versorgungsleitungen. Deshalb braucht es einen Sicherheitsabstand zwischen den unterschiedlichen Leitungen, der groß genug ist, um mit Maschinen an die Leitungen und Kabel zu gelangen.

Unterschieden wird zwischen Leitungen und Kabeln: Zu den Leitungen zählen Wasser-, Abwasser-, Gas- und Fernwärmeleitungen, früher auch die Rohrpostleitung.

Die Kabel, das sind Stromkabel und Lichtwellenleiter.

Schon früh hat man begonnen, Regeln aufzustellen was wohin gehört. Um 1890 war das noch einfach: Der Abwasserkanal lag in der Mitte, das Wasserrohr unter dem rechten und die Gasleitung unter dem linken Gehsteig. Heute wird die gesamte Straße in Zonen eingeteilt, und eine DIN-Norm regelt, was wo untergebracht wird.

Egal ob auf einer öffentlichen oder einer privaten Fläche tiefer ins Erdreich hineingegraben wird, es gilt der Grundsatz: Erst fragen, dann graben! Denn immer wieder kommt es vor, dass Ver- und Entsorgungsleitungen beschädigt werden.

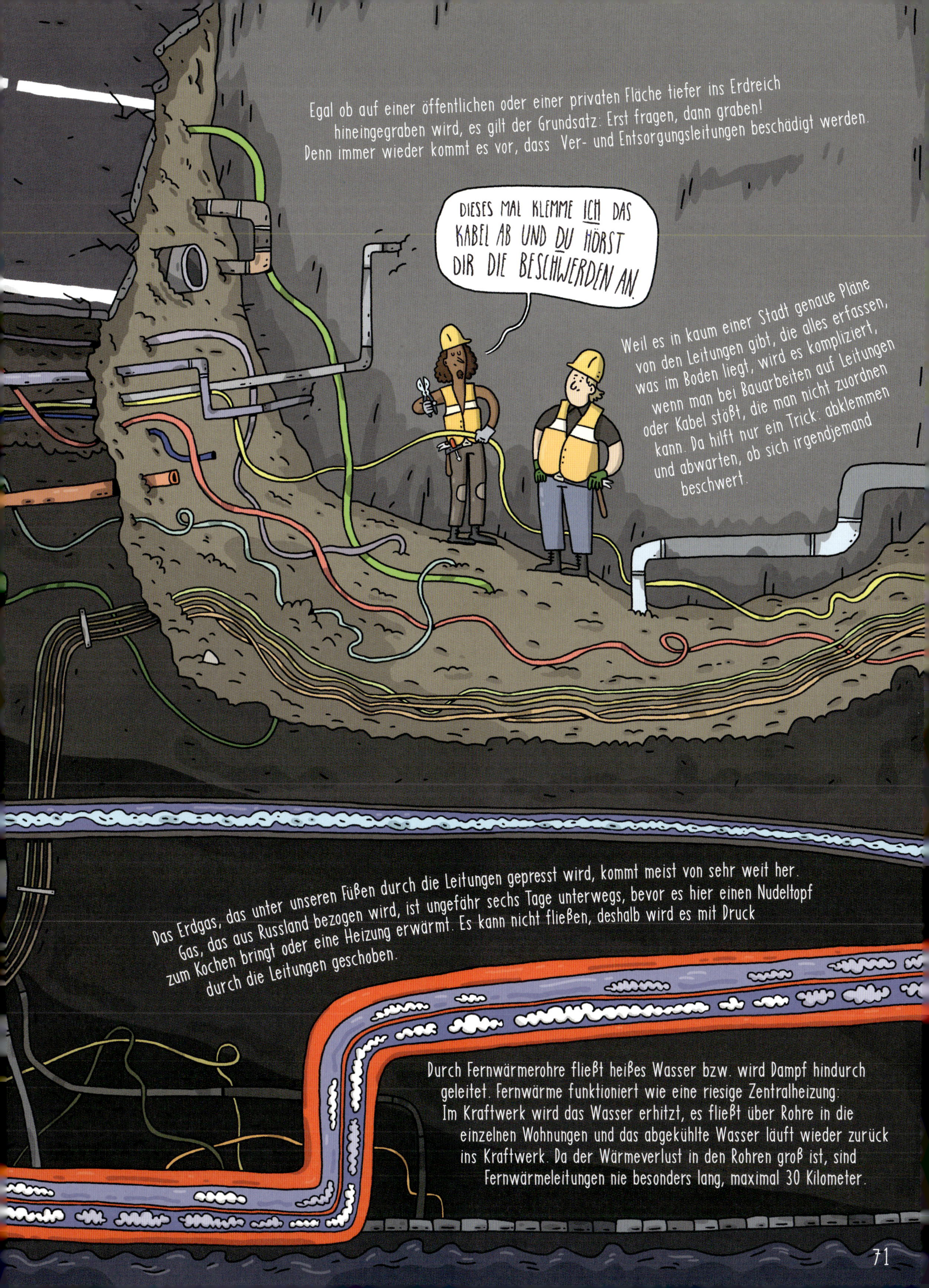

Weil es in kaum einer Stadt genaue Pläne von den Leitungen gibt, die alles erfassen, was im Boden liegt, wird es kompliziert, wenn man bei Bauarbeiten auf Leitungen oder Kabel stößt, die man nicht zuordnen kann. Da hilft nur ein Trick: abklemmen und abwarten, ob sich irgendjemand beschwert.

Das Erdgas, das unter unseren Füßen durch die Leitungen gepresst wird, kommt meist von sehr weit her. Gas, das aus Russland bezogen wird, ist ungefähr sechs Tage unterwegs, bevor es hier einen Nudeltopf zum Kochen bringt oder eine Heizung erwärmt. Es kann nicht fließen, deshalb wird es mit Druck durch die Leitungen geschoben.

Durch Fernwärmerohre fließt heißes Wasser bzw. wird Dampf hindurch geleitet. Fernwärme funktioniert wie eine riesige Zentralheizung: Im Kraftwerk wird das Wasser erhitzt, es fließt über Rohre in die einzelnen Wohnungen und das abgekühlte Wasser läuft wieder zurück ins Kraftwerk. Da der Wärmeverlust in den Rohren groß ist, sind Fernwärmeleitungen nie besonders lang, maximal 30 Kilometer.

ROHRPOST

Eine Rohrpostanlage besteht aus Rohren, durch die Büchsen oder Kapseln in verschiedenen Größen geschossen werden. Druck und Sog sind die beiden Kräfte, die die Kapseln durch die Rohre befördern.

In großen Städten waren die Straßen schon früh überlastet. Immer wieder staute sich der Verkehr. Gerade Börsen, Banken und Ministerien waren damals schon darauf angewiesen, dass Briefe und Unterlagen möglichst schnell transportiert wurden. Also hat man ein Postsystem genutzt, das unterirdisch und unabhängig vom Verkehr oben funktionierte.

Der Däne George Medhurst war wohl der Erste, der 1810 versuchte, Dinge durch Rohre zu transportieren, indem er einen Druckunterschied herstellte. Das Patent, Briefe und Pakete durch die Rohrpost zu schießen, bekam 1854 dann Josiah Latimer Clark.

Die Rohrpost in Hamburg wurde von 1864 bis 1983 genutzt. Ihre Rohre hatten ab den 1960er-Jahren einen sehr großen Durchmesser von 45 Zentimetern. Deshalb konnten pro Kapsel bis zu 2000 Briefe mit über 200 km/h durch die Stadt transportiert werden.

Auch Geheimdienste haben gerne die Rohrpost genutzt. In London gab es die sogenannte »Secret Tube«, die geheime Röhre. In ihr wurden Regierungspapiere transportiert. Es gab eine Laufzeitkontrolle. War die Kapsel mit den Papieren nicht rechtzeitig am vorbestimmten Ort, wurde ein Alarm ausgelöst. Dann konnte man davon ausgehen, dass die Kapsel von einem Agenten abgefangen worden war.

In Krankenhäusern werden Rohrpostsysteme bis heute genutzt. Bis ein Mensch losläuft, um eine wichtige Blutprobe im Kliniklabor abzugeben, ist die kleine Kapsel mit dem Röhrchen voller Blut schon längst angekommen. Neu ist, dass die Rohrpost von Servicerobotern bestückt wird, die zum Beispiel auch für die Verteilung von Medikamenten genutzt werden können.

Auch im Bundeskanzleramt in Berlin gibt es noch eine Rohrpost. Etwa 100-mal am Tag wird sie genutzt. Es bräuchte drei Boten, die durch das Bundeskanzleramt laufen, um die gleiche Menge Unterlagen von Büro zu Büro zu transportieren. Die Rohrpost hat einige Vorteile: Sie kann nicht gehackt werden. Würden digitale Akten verschickt, wäre das durchaus möglich. Und die Rohrpost kann nicht abgehört werden. Deshalb wird sie auch im 21. Jahrhundert immer noch gerne eingesetzt.

Ein Pariser Luxuskaufhaus, das sich über zwei Gebäude erstreckt, die durch eine Straße getrennt werden, nutzt die Rohrpost als Geldtransportmittel. Wechselgeld kommt so schnell und sicher an die 15 Kassen des Kaufhauses. Auch das abendliche Einsammeln des Geldes entfällt. Es wird an jeder Kasse mit den Abrechnungsbelegen in die Kapseln gepackt und an einer zentralen Stelle entgegengenommen.

ÜBERRESTE DES KRIEGES

Manchmal stoßen Bauarbeiter beim Straßenbau oder beim Ausheben einer Baugrube zufällig auf eine Bombe.

Am häufigsten werden heute noch kleine Sprenggranaten entdeckt, große Fliegerbomben sind selten. Eine Detonation der kleineren Granaten kann schon durch einfache Erschütterungen ausgelöst werden. Steht ein Mensch unmittelbar daneben, dann endet das für ihn in den meisten Fällen tödlich. Bis zu 1,4 Millionen Tonnen Bomben und andere Kampfmittel wurden im Zweiten Weltkrieg über Deutschland abgeworfen, ca. 10 bis 20 Prozent davon waren Blindgänger.

Allein in Nordrhein-Westfalen, dem viertgrößten Bundesland, wurden in den ersten 50 Jahren nach dem Krieg über 220 000 Bomben gefunden und entschärft. Ungefähr 100 000 Blindgänger liegen wohl noch im Boden, in Flüssen, in Seen und im Meer. Beendet war der Zweite Weltkrieg im September 1945. Warum sind es immer noch so viele? Weil nach dem Krieg der Wiederaufbau der Städte das Wichtigste war und schnell Wohnraum gebraucht wurde. Die Menschen hatten keine Zeit, den Boden gründlich abzusuchen.

Städte waren strategisch wichtige Ziele im Krieg, deshalb wurden sie stark angegriffen. Doch auch im Wald taucht immer wieder Munition auf. Dort wurden viele Kampfmittel, zum Beispiel Artilleriemunition und Handgranaten, von der Wehrmacht versteckt und gelagert.

Meist liegen die Kampfmittel im Wald nicht besonders tief, nur ca. 30 bis 40 Zentimeter unter der Erde. Das ist gefährlich, gerade bei langer Trockenheit und wenn es zu Waldbränden kommt, können diese Depots explodieren und großen Schaden anrichten.

Fliegerbomben, die bis zu 1,8 Tonnen gewogen haben, liegen bis zu sechs Metern tief im Boden. Dort wird es nicht so heiß, dass sie sich entzünden könnten.

Ungefähr einmal pro Jahr kommt es in Deutschland zu einer Selbstdetonation.

WIE WIRD EINE BOMBE ENTSCHÄRFT !?!

Um zu vermeiden, dass Bauarbeiter auf eine Bombe stoßen, wird bei größeren Bauvorhaben vorab von Experten untersucht, ob diese Gefahr besteht. Dafür werden Fotos von den alliierten Streitkräften aus dem Zweiten Weltkrieg benutzt, die kurz nach den Bombenabwürfen gemacht wurden. Wird in der Baugrube Sprengstoff vermutet, kommen Metalldetektoren zum Einsatz, um sie aufzuspüren. Manchmal piepsen sie und dann liegt da doch nur eine alte Badewanne.

Blindgänger können nicht transportiert werden, zu groß ist die Gefahr, dass sie doch noch in die Luft gehen. Also müssen sie in der Grube entschärft werden. Schwierig ist es, möglichst erschütterungsfrei so weit zu graben, bis der Zünder freiliegt.

Da die Bomben im Krieg abgeworfen wurden, ist ihr Zünder immer scharf gestellt, das macht die Lage vertrackt. Schnell müssen die Mitarbeiter des Kampfmittelräumdienstes erkennen, um welchen Typ Bombe es sich handelt, damit sie beim Entschärfen keine Fehler machen.

Der Zünder muss herausgedreht werden, damit die Bombe nicht mehr explodieren kann. Das ist immer der gefährlichste Moment der Bergung.

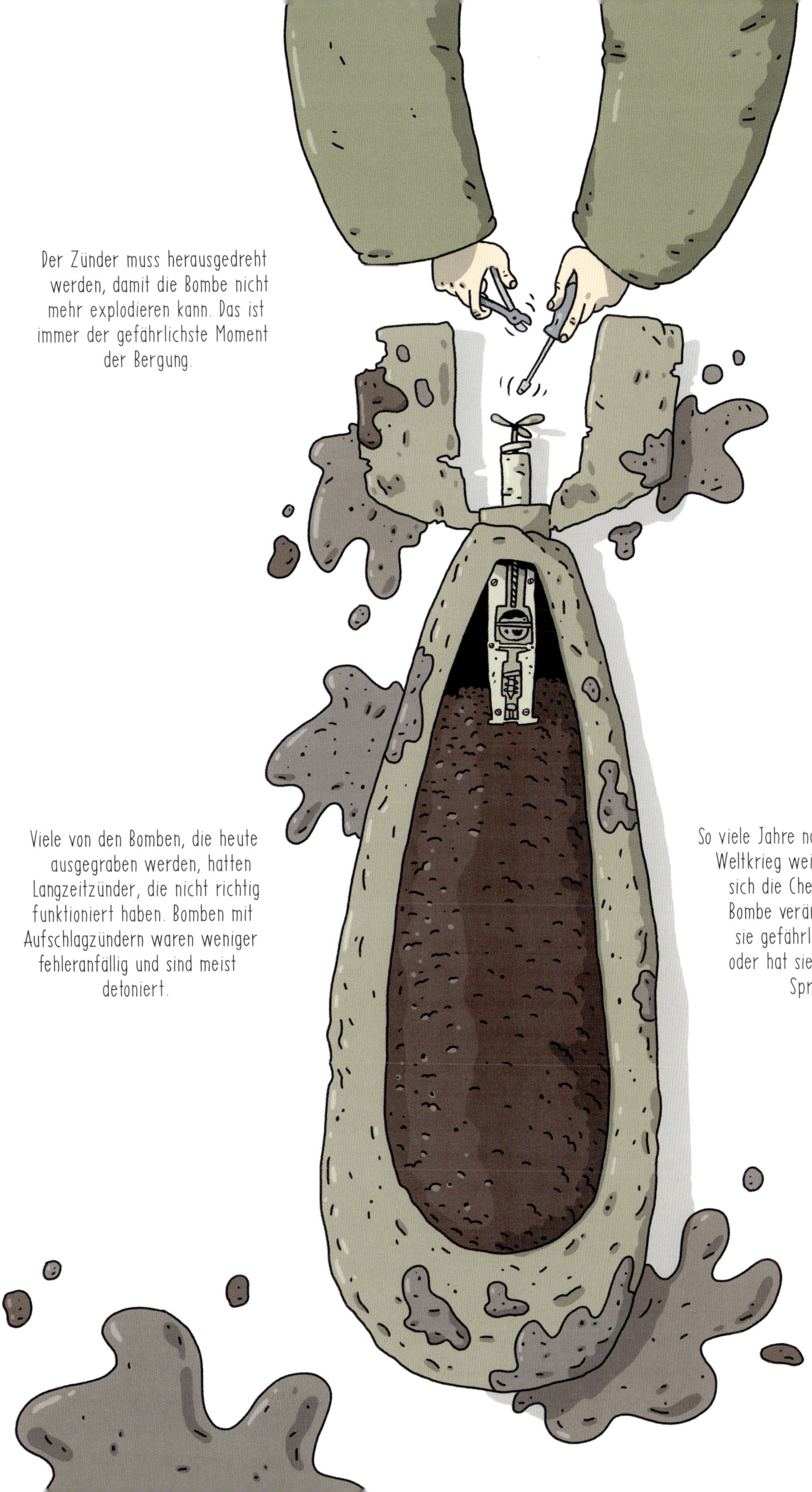

Viele von den Bomben, die heute ausgegraben werden, hatten Langzeitzünder, die nicht richtig funktioniert haben. Bomben mit Aufschlagzündern waren weniger fehleranfällig und sind meist detoniert.

So viele Jahre nach dem Zweiten Weltkrieg weiß man nicht, wie sich die Chemikalien in der Bombe verändert haben: Ist sie gefährlicher geworden oder hat sie noch die gleiche Sprengkraft?

MOORE SIND SCHATZKISTEN

Moore sind Landschaften, die die Menschen immer schon angezogen haben. Das zeigen Funde, die über 10 000 Jahre alt sind. Zu dieser Zeit waren Moore heilige Orte. Viele wertvolle Gegenstände wurden dort geopfert.

Man hat so viel in Mooren entdeckt, dass schnell klar war: So schusselig können unsere Vorfahren nicht gewesen sein. Die Gerätschaften sind nicht verloren gegangen, sie waren Opfergaben.

Wie in einer Schatzkiste werden in Mooren Dinge aufbewahrt und erhalten, die sich normalerweise längst zersetzt hätten und verschwunden wären. Im Moor gibt es nämlich nur wenige Mikroorganismen. Normalerweise sind sie für Zersetzungsprozesse zuständig.

Musikinstrumente wurden ebenfalls geopfert. Luren, sozusagen die Orgeln der Bronzezeit, werden meist paarweise gefunden. Luren sind kunstvoll gefertigte große Blasinstrumente, die wahrscheinlich bei Zeremonien gespielt wurden. So wie heute die Orgel bei Gottesdiensten.

Römische Münzen finden sich immer wieder. Zum Teil wurden sie mit kleinen Ösen versehen, weil sie an Goldreifen oder Lederschnüren als Schmuck getragen wurden.

Wolle wird im Moor gut konserviert, deshalb liegt im Moor immer wieder einmal ein Wollknäuel, das ein paar Tausend Jahre alt ist.

Natürlich erhält sich auch Kleidung aus Wolle. Da es keine Knöpfe gab, wurde die Kleidung mit reich verzierten Nadeln, den sogenannten Fibeln, zusammengehalten. Manchmal stecken sie noch in den gefundenen Mänteln oder Jacken.

Für die Menschen der Frühzeit stellten Moore Hindernisse dar. Deshalb bauten sie Bohlenwege, um die Moore sicher durchqueren zu können. 20 solcher Wege hat man gefunden, die aus der Zeit von 4600 v. Chr. bis zum 3. Jahrhundert n. Chr. stammen.

Die Bohlenwege sind unterschiedlich: Es gibt feste, bis zu fünf Meter breite »Straßen«, die Moore komplett durchqueren. Daneben finden sich schmale Pfade, die wohl zu Kultstätten geführt haben.

Neben diesen uralten Straßen finden Moorarchäologen Kleidungsstücke, Reste von Wägen und Rädern, mit Schnitzereien verzierte Holzstäbe, die wahrscheinlich als Messstäbe dienten, Steigbügel und verzierte Gefäße aus Metall.

Bei Wiepenkathen wurde 1935 ein Dolch gefunden, der es in sich hatte! Wissenschaftler waren bis dahin davon ausgegangen, dass all die im Moor steckenden Feuersteinklingen einfach so als Waffe benutzt wurden. Bei dem Dolch haben sich ein hölzerner Griff und eine lederne Scheide mit Befestigungsriemen erhalten. Die Menschen benutzten also vor über 4000 Jahren ein Werkzeug, das einem Jagdmesser sehr ähnlich ist.

BRONZEZEIT

MITTELALTER

Erst ab dem Mittelalter betrachten Menschen Moore als gruselig und vom Teufel oder anderen grausamen Mächten bewohnt.

Im Juli 1957 stößt in Oberbayern ein Bagger beim Torfabbau auf eine Holzkiste. Nur 50 Zentimeter tief lag sie. Das war keine Schatzkiste, sondern ein Sarg mit Moorleiche darin. Wohl schon seit dem späten Mittelalter lag die Frau dort.

Die Moorleiche war in ein feines Wollkleid gehüllt, sie trug ein Haarband und vollkommen erhaltene Lederstiefel.

DIE FRAU VON PEITING

Moorleichen sind auch nach über 1000 Jahren noch so gut erhalten, dass Wissenschaftler viel über ihr Leben herausfinden können. Die Frau hatte winzige Rußteilchen in ihrer Lunge, weil sie wohl oft über offenem Feuer gekocht hatte.

Gemüse, Salat und Getreide waren ihre letzte Nahrung. Sie war etwa 25 Jahre alt und hatte, kurz bevor sie starb, ein Kind geboren.

Sie ist die einzige europäische Moorleiche, die in einem Sarg bestattet wurde.

DER ROTE FRANZ

Der rote Franz ist eine männliche Moorleiche, die im Juni 1900 in der Nähe von Neu Versen gefunden wurde.

Die Kopf-, Scham- und Barthaare der Moorleiche waren sehr gut konserviert und durch das Moorwasser rötlich-braun verfärbt. Diese Färbung hat ihm seinen Spitznamen verpasst.

Gelebt hat Franz vor beinahe zweitausend Jahren zwischen 0 und 200 n. Chr. Seine Oberschenkel sind so verformt, dass die Forscher sich sicher sind: Franz war Reiter und hat in seinem Leben viel Zeit auf dem Rücken von Pferden verbracht.

Er ist etwa 25 bis 32 Jahre alt geworden.

Im Moor gibt es keine Mikroorganismen, die die Leichen zersetzen könnten. Dafür ist genügend Gerbsäure vorhanden, die die Haut der Leichen gerbt. Sie wird haltbar, so wie Leder, das man mit Gerbsäure behandelt.

Bis in die 1920er-Jahre wurde in Apotheken Mumia verkauft. Angeblich handelte es sich um ein Pulver aus zermahlenen ägyptischen Mumien. Forscher gehen davon aus, dass auch Moorleichen zu Mumia verarbeitet wurden. Behauptet wurde, dass Mumia gegen beinahe alle Krankheiten hilft.

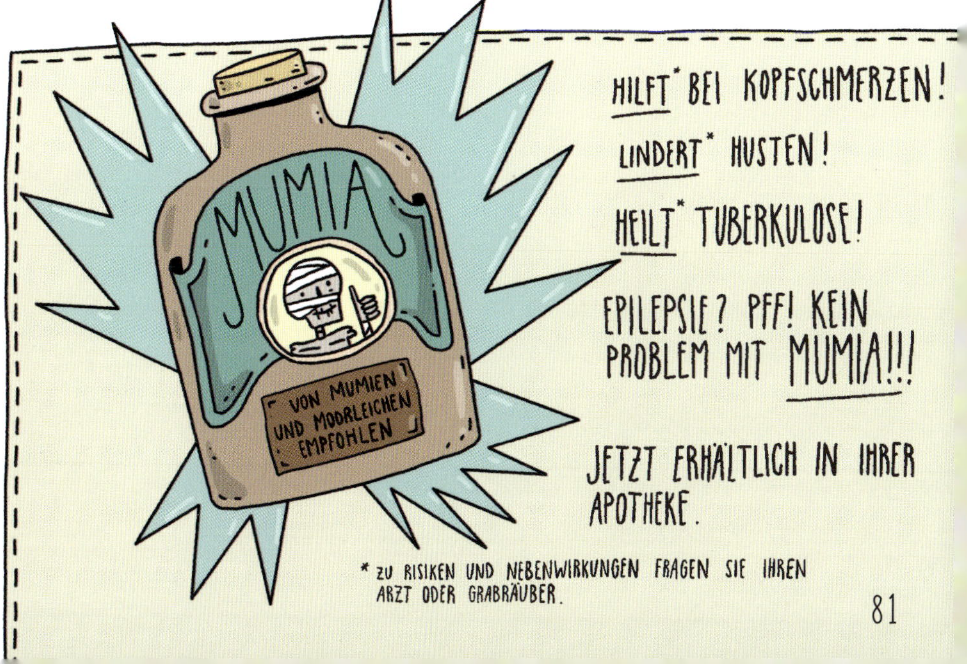

EISBERGHAUS
MEHR ALS NUR EIN KELLER

Auch Superreiche haben Probleme, vor allen Dingen dann, wenn sie in Städten wohnen, in denen der Platz sehr beschränkt ist. Deshalb gibt es in London immer mehr »Eisberghäuser«, Häuser, deren Keller größer ist als das gesamte Haus, das darübersteht. Von einem Eisberg kann man ja auch nur die Spitze sehen, der größte Teil liegt unter Wasser.

Grund und Boden sind in London sehr teuer. In den begehrten Wohnvierteln gibt es so gut wie keine freien Flächen mehr. Was kann ein besonders reicher Mensch machen, wenn ihm die Wohnfläche in seiner denkmalgeschützten Villa zu klein ist? Einfach das Grundstück vom Nachbarn dazukaufen? Meist ist der genauso reich und möchte nicht verkaufen. Also muss das Haus nach unten erweitert werden.

So ein Keller bietet viele Möglichkeiten: Ist man ein Autonarr, dann kann man sich eine riesige unterirdische Garage bauen lassen, inkusive Aufzug, der die Fahrzeuge in die Einfahrt hinaufbefördert.

Ein Manager eines großen Fonds, in dem Menschen ihr Geld anlegen, ist begeisterter Turmspringer. Er hat sich in seinen Keller einen Sprungturm mit entsprechend tiefem Becken bauen lassen. Ganz »normale« Schwimmbäder mit Saunabereich werden ebenfalls gerne unter die Erde verlegt.

In einem der Keller gibt es ein Schwimmbad, dessen Boden nach oben gefahren werden kann, dann dient es als Tanzfläche in einem luxuriösen Partyraum.

Auch die Zimmer für das Personal kann man unterirdisch unterbringen. Ob das den Menschen gefällt, ist eine andere Frage. Viele von ihnen werden aber kaum eine andere Wahl haben.

Für Kinder gibt es riesige Spielzimmer mit Kletterwänden, Schaukeln und Rutschen. Sozusagen ein eigener Spielplatz, nur unter der Erde. Auch Geheimverstecke können in diese Räume eingebaut werden.

Besonders beliebt sind Heimkinos. Man kann Freunde zu einer privaten Premiere einladen und ist nicht von anderen Kinobesuchern gestört. Auch Kindergeburtstage lassen sich prima in so einem heimischen Kino feiern.

Manchmal gehen die ausufernden Grabungsarbeiten aber zu weit: 2016 ist in einem noblen Stadtteil an der Themse ein Haus aus dem 18. Jahrhundert bei dem Versuch, es zu unterkellern, einfach in sich zusammengefallen.

Der Keller
Ein Ort mit Geheimnissen

Ein Keller liegt immer unter der Erde.
In ein Haus können vorbeikommende Menschen hineinblicken, aber alles, was im Keller passiert, geschieht im Verborgenen.
Das Wort Keller stammt vom lateinischen »cellarium« ab, das verschiedene Bedeutungen hat: Lagerhaus, Vorratsraum, Weinkeller.

Früher gab es keine Kühlschränke und auch keine Supermärkte, in denen man zu jeder Zeit hätte einkaufen können.
Geerntete Äpfel, Kartoffeln oder Milchprodukte wie Butter wurden im Keller gelagert. Dort war es immer gleichbleibend kühl.
Das wussten schon die alten Römer.

Allerdings haben Menschen bereits seit der Jungsteinzeit Vorratshaltung betrieben: Damals allerdings noch in kühlen, feuchten Höhlen.

Auch im Mittelalter hat man Vorräte in Kellern gelagert. Die Burgherren haben in ihren feuchten Kellern aber genauso gerne Gefängnisse oder Folterkammern untergebracht. Die Schreie der Gefangenen drangen nicht durch die dicken Mauern. Was immer im Keller passierte, es geschah unter Ausschluss der Öffentlichkeit. Einen wochen- oder monatelangen Aufenthalt in absoluter Dunkelheit, bei hoher Luftfeuchtigkeit und Kälte, haben sowieso die wenigsten Gefangenen überlebt.

Nicht nur Burgherren nutzten im Mittelalter Keller. Bier, Wein und Essen wurden darin gelagert. Händler zogen in Keller, die von der Straße aus zugänglich waren, und verwendeten sie zweifach: als Lagerraum und als Verkaufsstätte.

In den Kellern kamen Menschen beim Einkaufen zusammen. Daraus hat sich die Gepflogenheit entwickelt, gesellig in Kellern zusammenzusitzen. Weinlokale in alten Weinkellern, Bierlokale in alten Bierkellern finden sich in beinahe jeder größeren Stadt.

Auch viele Clubs liegen unter der Erde. Keller sind geheimnisvolle Orte mit besonderer Atmosphäre.

Um die Jahrhundertwende wohnten in rasant wachsenden Städten wie Berlin besonders arme Menschen in den Kellern. Für die reicheren in den Geschossen darüber wurden die Kohlen zum Heizen im Keller gelagert.

Während des Zweiten Weltkriegs dienten viele Keller als Schutzräume vor den Bombenangriffen.

Der Keller ist ein Ort der Abgeschiedenheit, ein Ort, an dem man Dinge lagert, die man nicht mehr braucht, aber auch nicht wegschmeißen möchte. Er ist dann ein Ort der Erinnerung, ein besonderer Ort.

GEMÜSE AUS DEM UNTERGRUND

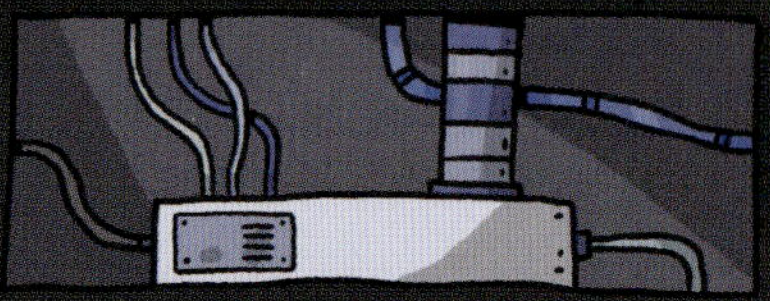

Weit unter den Straßen Londons, in 33 Metern Tiefe in einem Bunker, wachsen Gemüse und Kräuter.

Leuchtstoffröhren und LED-Lampen erzeugen das Licht, das Fenchel, Koriander, Senfblätter, Erbsen, Knoblauch oder Wasabi brauchen, um zu wachsen.

Natürlich verbrauchen die Lampen Strom, allerdings wesentlich weniger als ein Gewächshaus, das auch noch beheizt werden muss.

Pflanzen brauchen Licht, um zu wachsen. In Gewächshäusern und unter der Erde wird das Sonnenlicht durch LED-Leuchten ersetzt. Am besten können Pflanzen rotes und blaues Licht aufnehmen. Mischt man die beiden Farben, kommt Pink heraus.

Im Untergrund gibt es kein Wetter. Kein Frost kann die jungen Pflanzen schädigen, kein Hagel sie zerschlagen. Aus jedem Samenkörnchen wächst eine Pflanze, das ist sehr effektiv und spart ebenfalls Kosten.

»Urban farming« heißt das Konzept, frei übersetzt bedeutet das »Gemüseanbau in der Stadt«. Gemüse und Kräuter werden also genau dort angebaut, wo sie auch verbraucht und gegessen werden.
Weite Transportwege gibt es nicht. Das bedeutet auch weniger Verkehr und weniger Abgase in der Stadt.
Der Bunker wurde im Zweiten Weltkrieg errichtet. Er besteht aus zwei jeweils 500 Meter langen Röhren und bot damals 12 000 Menschen Schutz. Die Gründer der Untergrundfarm haben natürlich auch oberirdisch nach Land gesucht, allerdings gab es kaum Angebote, und wenn, waren sie sehr teuer.
Die Bunkerröhren gehören der Gesellschaft, die die Londoner U-Bahn betreibt. Da die Röhren vollkommen ungenutzt waren, kosten sie deutlich weniger Miete als die gleiche Fläche oberirdisch.
Zukunftsforscher gehen davon aus, dass im Jahr 2050 ungefähr 80 Prozent der Weltbevölkerung in Städten leben. Deshalb wird es wichtig, auch in den Megacitys Möglichkeiten zu schaffen, die Bevölkerung mit frischer Ware zu versorgen. Der Untergrund kann dabei eine Rolle spielen.

Städteplaner sind sich einig: Gerade in den großen Metropolen muss der Untergrund besser genutzt werden. Aber auch für Gemüsebauern und Unternehmer bietet der Untergrund einige Vorteile.

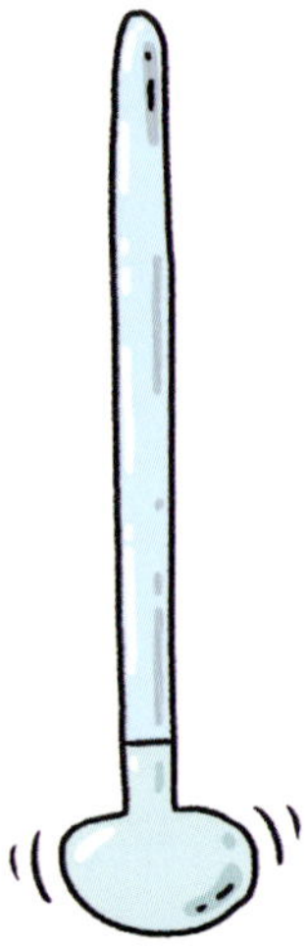

Große Städte müssen sich auf den Klimawandel vorbereiten: Bitterkalte schneereiche Winter lassen oberirdisch den Verkehr zum Erliegen kommen, die Menschen wollen bei Schneesturm und -20 °C auch nicht vor die Tür. Wird es richtig heiß in den Sommern, dann sind Städte nur in den frühen Morgenstunden und ab dem späten Nachmittag belebt. So wie man es aus Südeuropa kennt.

Bereits in den 1960er-Jahren haben die Städteplaner von Montreal in Kanada, damit begonnen, eine »Ville souterraine«, eine unterirdische Stadt, zu planen. Als der erste Wolkenkratzer gebaut wurde, entstand gleich nebenan »Place Ville-Marie«, ein großes Einkaufszentrum mit Kinos und Cafés. Dieser Platz wurde zu einem beliebten Treffpunkt im Winter.

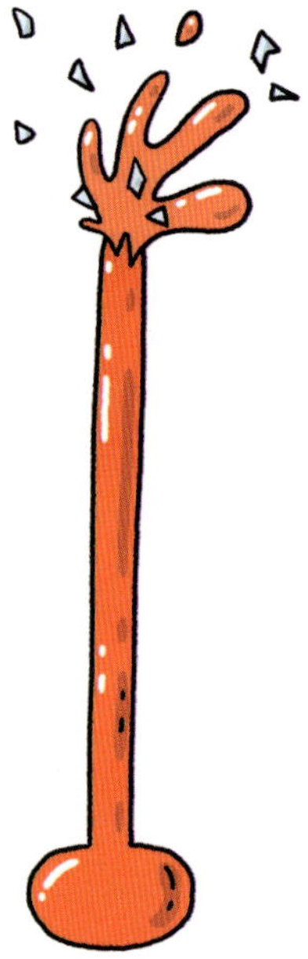

Allmählich entwickelte sich aus »Place Ville-Marie« eine Stadt unter der Stadt. 32 Kilometer Gänge und 60 daran angeschlossene Wohn- und Geschäftshäuser umfasst sie. Wer in Montreal in der Innenstadt wohnt, muss im Winter keine dicken Stiefel und keinen warmen Mantel anziehen: Das meiste kann unterirdisch erledigt werden. Läden, Restaurants, Museen, Galerien, Kinos, das Eishockey-Stadion, U-Bahn-Stationen, Busbahnhöfe, der Hauptbahnhof, sogar eine Kirche sind vom Untergrund aus zu erreichen.

Studenten gelangen zu den beiden Universitäten unterirdisch, und wer einen Kongress in Montreal besucht, der kommt auch vom Hotel in das Kongresszentrum, ohne einmal die oberirdische Stadt zu sehen.

Die Untergrundstadt entlastet die Stadt oben ganz enorm: Der Verkehr ist geringer, die Luft deshalb besser und es passieren auch deutlich weniger Unfälle als in anderen Großstädten.

Die Schweiz ist ein Land mit viel Transitverkehr, also mit vielen Lastern, die durch das Land Waren transportieren, um sie in einem anderen Land auszuliefern. Die Autobahnen sind voll, gerade um die Ballungszentren herum. In der Schweiz hat die Zukunft schon begonnen: mit der Planung eines neuen unterirdischen Transportsystems. Das System heißt »Cargo sous terrain«.

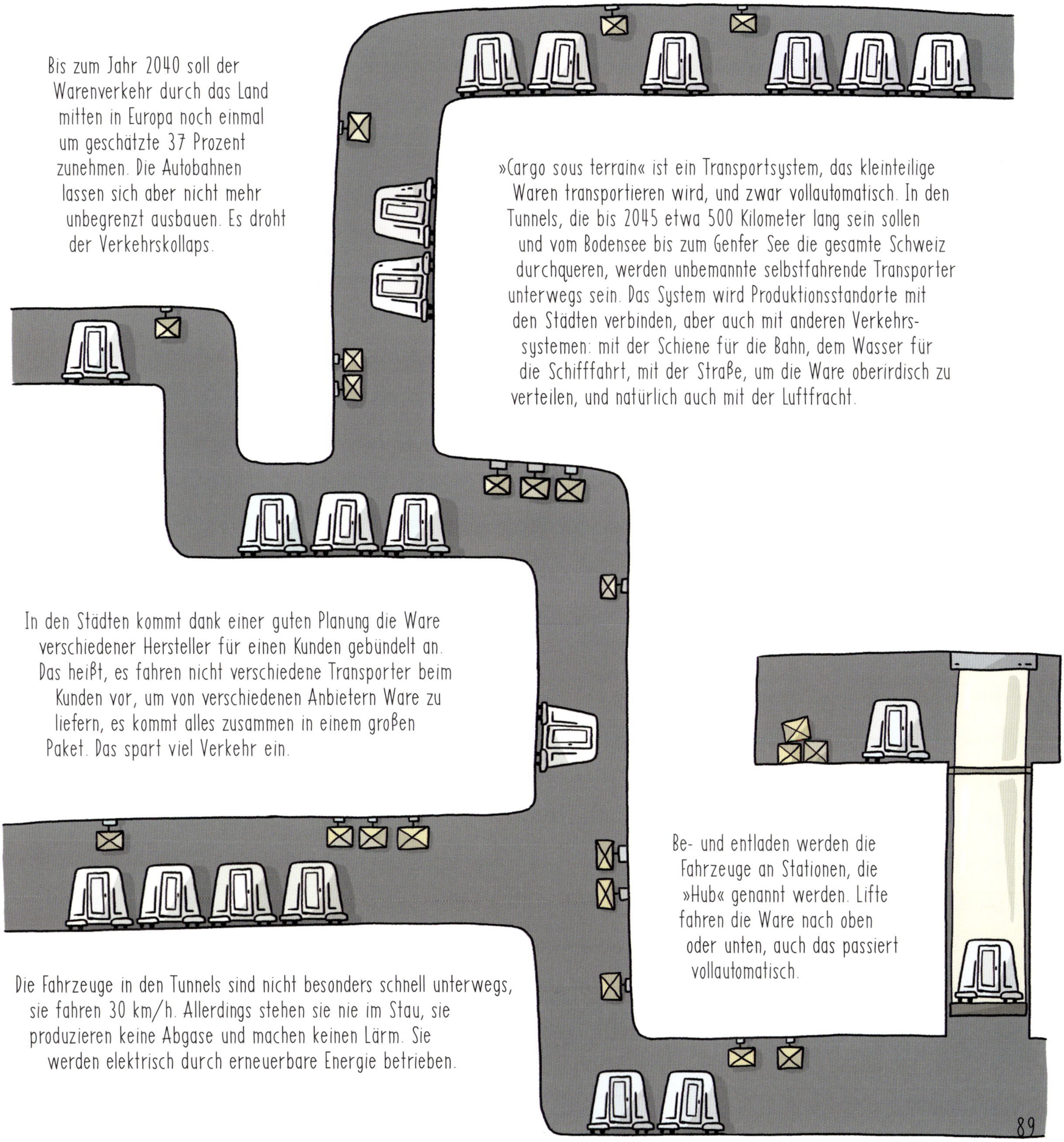

Bis zum Jahr 2040 soll der Warenverkehr durch das Land mitten in Europa noch einmal um geschätzte 37 Prozent zunehmen. Die Autobahnen lassen sich aber nicht mehr unbegrenzt ausbauen. Es droht der Verkehrskollaps.

»Cargo sous terrain« ist ein Transportsystem, das kleinteilige Waren transportieren wird, und zwar vollautomatisch. In den Tunnels, die bis 2045 etwa 500 Kilometer lang sein sollen und vom Bodensee bis zum Genfer See die gesamte Schweiz durchqueren, werden unbemannte selbstfahrende Transporter unterwegs sein. Das System wird Produktionsstandorte mit den Städten verbinden, aber auch mit anderen Verkehrssystemen: mit der Schiene für die Bahn, dem Wasser für die Schifffahrt, mit der Straße, um die Ware oberirdisch zu verteilen, und natürlich auch mit der Luftfracht.

In den Städten kommt dank einer guten Planung die Ware verschiedener Hersteller für einen Kunden gebündelt an. Das heißt, es fahren nicht verschiedene Transporter beim Kunden vor, um von verschiedenen Anbietern Ware zu liefern, es kommt alles zusammen in einem großen Paket. Das spart viel Verkehr ein.

Be- und entladen werden die Fahrzeuge an Stationen, die »Hub« genannt werden. Lifte fahren die Ware nach oben oder unten, auch das passiert vollautomatisch.

Die Fahrzeuge in den Tunnels sind nicht besonders schnell unterwegs, sie fahren 30 km/h. Allerdings stehen sie nie im Stau, sie produzieren keine Abgase und machen keinen Lärm. Sie werden elektrisch durch erneuerbare Energie betrieben.